信仰的种子

——经典红色故事100篇

主 编 苏 进 刘 鹏 潘春勇

副主编 冷海卿 黄永仓 刘剑锋

山东教育出版社

·济南·

图书在版编目（CIP）数据

信仰的种子：经典红色故事100篇／苏进，刘鹏，潘春勇主编. — 2版. — 济南：山东教育出版社，2022.6（2023.6重印）

ISBN 978-7-5701-1778-9

Ⅰ.①信… Ⅱ.①苏… ②刘… ③潘… Ⅲ.①革命故事－作品集－中国－当代 Ⅳ.①I247.81

中国版本图书馆CIP数据核字（2022）第093794号

责任编辑：李晓琛
责任校对：舒　心
装帧设计：朱芮瑶　邢　丽

XINYANG DE ZHONGZI —— JINGDIAN HONGSE GUSHI 100 PIAN

信仰的种子——经典红色故事100篇

苏　进　刘　鹏　潘春勇　主编

主管单位：山东出版传媒股份有限公司
出版发行：山东教育出版社
地址：济南市市中区二环南路2066号4区1号　邮编：250003
电话：（0531）82092660　网址：www.sjs.com.cn
印　　刷：山东新华印务有限公司
版　　次：2021年7月第1版　2022年6月第2版
印　　次：2023年6月第5次印刷
开　　本：880mm×1250mm　1/32
印　　张：8
字　　数：150千
定　　价：48.00元

（如印装质量有问题，请与印刷厂联系调换）印厂电话：0538-6119360

传承红色基因　牢记初心使命

代序言

习近平总书记在领导和推进新时代中国特色社会主义的伟大事业中，高度重视继承发扬我党我军光荣传统和优良作风，多次强调："红色基因就是要传承。中华民族从站起来、富起来到强起来，经历了多少坎坷，创造了多少奇迹，要让后代牢记。我们要不忘初心，永远不可迷失了方向和道路。"

一寸山河一寸血，一抔热土一抔魂。中国共产党有着光荣的革命历史传统，革命文化波澜壮阔，红色故事、红色基因十分丰富。无论在战争年代，还是在社会主义建设时期，中国人民在中国共产党的带领下，在艰苦卓绝的革命斗争和建设中，将"小我"融入"大我"，抛头颅、洒热血，涌现出无数可歌可泣的英雄事迹。

信仰的种子、精神的谱系、制胜的密码，革命前辈走过的"路"、留下的"影"……这就是红色基因。它是我党我军性质宗旨的集中体现，蕴含着鲜明的政治立场、坚定的信仰信念、先进的制胜之道、崇高的革命精神、优良的作风纪律，是新时代加强思想道德建设的宝贵资源，是构建社会主义核心价值体系的精神源泉，是鼓舞党员干部、人民群众和广大青少年奋发图强、积极向上的精神动力。

信仰是催人奋进的力量源泉。同样，一个民族如果缺少了信仰就会失去民族精神！在经济全球化、世界网络化、思想价值多元化的当今时代，各种文化思潮不断冲击着我们的意识形态，信仰缺失、精神迷失、"免疫力下降"致使很多人精神懈怠。精神缺"钙"就会得"软骨病"，基因缺"铁"就会得"贫血症"。

"上工治未病"，高明的医生善于防病在先。传承红色基因，赓续红色血脉，方能补充我们的精神之"钙"，方能"挺起共产党人的精神脊梁"，方可转化为民族复兴的强大动力，谱写新时代中国特色社会主义的崭新篇章。

红色基因是中国共产党人的精神内核，是中华民族的精神纽带。在新的历史条件下，传承红色基因，对于大力弘扬爱国主义、革命英雄主义和集体主义精神，培育社会主义核心价值观，已经并将继续发挥无可替代的作用。

《信仰的种子》一书，有革命先烈的浴血奋战、有人民战士的忠贞坚韧、有革命母亲的大爱情怀、有民族精英的无私奉献……这些故事短小精彩，形式新颖，可歌可泣，催人奋进，引人入胜，增强了红色基因代代相传的感染力和渗透力。

青少年阶段是人生的"拔节孕穗期"，习近平总书记强调："革命传统教育要从娃娃抓起，既注重知识灌输，又加强情感培育，使红色基因渗进血液、浸入心扉，引导广大青少年树立正确的世界观、人生观、价值观。""要给学生心灵埋下真善美的种子，引导学生扣好人生第一粒扣子。"

国家的希望在青年，民族的未来在青年。青年一代有理想、有本领、有担当，是国家之幸，民族之福。当代中国青年是与新时代同向同行、共同前进的一代，生逢盛世，肩负重任。实现民族复兴，需要我们接过前辈的旗帜，捍卫英雄的荣光，赓续英模的血脉，激发对信仰信念的认同感、归属感，满怀信心紧跟习近平总书记走好新时代的长征路，不辜负我们这个伟大的新时代。

目 录

004

尽善尽美为人民

1952年，毛泽东在山东视察时对山东分局的负责同志说："你们山东有个王尽美，是个好同志。听说他母亲还活着，你们要养起来。"1969年，在党的九大会议上，毛泽东历数牺牲的一大代表时，第一个提到的就是王尽美。

王尽美是中国共产党创始人之一，中共一大代表。1921年，23岁的王尽美就成了一名职业革命家。这年春天，他与邓恩铭等发起创建济南共产党早期组织。7月，他们一同赴上海出席中国共产党第一次代表大会。为此，他把自己的名字由王瑞俊改成王尽美，并解释为"尽善尽美唯解放"，抒发了为实现共产主义理想而献身的信念。

1922年初，王尽美与邓恩铭等出席了在莫斯科召开的远东各国共产党及民族革命团体第一次代表大会。这令王尽美受到了深刻的共产主义教育和巨大的精神鼓舞，使他更明晰地看到了中国人民争取解放的光明前景，增强了拼搏奋斗的革命精神。这年7月中下旬，中国共产党第二次全国代表大会在上海英租界南成都路辅德里625号召开。王尽美以中共济南地方组织和参加远东各国共产党及民族革命团体第一次代表大会代表的双重身份出席大会。王尽美认真贯彻党的二大提出的反帝反封建的民主革命纲领，为实现民主革命进一步创造条件。

王尽美根据中央局的指示，把工作重点放在发展党的组织方面。几年中，除济南和青岛外，烟台、淄博、青州、潍县、寿光、广饶等地都建立起党、团组织。后来，王尽美到北京，担任北方劳动组合书记部秘书，负责京奉路山海关一带工作。他深入基层、深入工人群众，开展工作、开辟阵地，成功领导了全路工人罢工斗争，争得了工人的基本权利，建立了京奉路全路总工会。在此基础上，王尽美又参加了全国闻名的开滦五矿大罢工。王尽美临危不惧，奔走于北京、山海关之间，一方面积极组织工会参加声援，一方面又严加防备敌人袭击，深为敌人痛恨。王尽美只得返回北京，后又转往山东淄博、青岛等地，继续组织和指挥各地工农组织和运动。

"王尽美奔波终日，不得饱食。有时日食一餐。"终因积劳成疾感染了肺结核病，王尽美以带病之身，继续为中国革命事业奔走各地。1925年8月19日，王尽美病逝于青岛，年仅27岁。逝世前，王尽美在病床上口述，请青岛党组织负责人记录其遗言："全体同志要好好工作，为无产阶级和全人类的解放，为共产主义的彻底实现而奋斗到底！"之后，他在遗言上郑重地按下了自己的手印。

誓死守护《共产党宣言》

山东省东营市广饶县大王镇刘集村，是鲁北平原一个普通的村落。20世纪20年代，王尽美、邓恩铭等共产党人在这儿秘密开展活动，王尽美介绍刘子久入党。1925年春，刘子久受组织委派，回到刘集建立起中共刘集支部。

1926年农历正月十五，回家省亲的济南女子职业学校教员、共产党员刘明辉来到刘集村党支部书记刘良才家中，掏出自己珍藏的《共产党宣言》第一版中文译本，交给了刘良才。她神情凝重地说："党员都应该学一学，它会让我们明白革命的目的，知道今后走的路。"

刘良才接过书，揣进怀里。他明白，他接过的不是一本书，而是神圣的使命。夜深人静，刘良才常常召集党员和进步农民，在煤油灯下学习《共产党宣言》，向他们宣传革命道理和文化知识。

1927年大革命失败，共产党人遭到屠杀，《共产党宣言》被国民党列为"非法禁书"。刘良才冒着生命危险，在住宅墙角外挖了一个隐蔽地窖，把书藏起来，躲过敌人数次搜查。

1931年2月，刘良才赴潍县任县委书记。临行前，他把

《共产党宣言》郑重地转交给村党支部委员刘考文，叮嘱他千万要把书保存好。刘考文深知责任重大，把书看得像生命一样珍贵。形势稍一宽松，他就组织党员群众学习。一遇紧急情况，他就赶紧把书藏进粮食囤底、灶头、房顶瓦下、鸟窝，使敌人的搜查多次落空。

次年8月，形势日趋恶化，广饶县党组织遭到严重破坏。刘考文意识到，自己随时都可能被捕。他想到，共产党员刘世厚憨厚老实，平时不太引人注目。于是，他悄悄把《共产党宣言》交至刘世厚手里。就这样，刘世厚便成了《共产党宣言》的第三位保存者。

不出所料，没过多久刘考文被捕，刘良才也在潍县英勇就义。那时候，刘集村因革命活动频繁，成了敌人急欲铲除的"眼中钉"。为了躲避敌人的搜捕，1933年，刘世厚毅然携带《共产党宣言》离开故土，沿路乞讨为生，辗转胶东半岛，一去就是4年零8个月，直到抗战爆发，他才回到刘集。

1941年1月，日伪军对刘集村进行血腥屠杀，制造了骇人听闻的"刘集惨案"，并惨无人道地放火屠村。已逃出村的刘世厚见状，冒着熊熊烈火，冲回村里，爬上房顶，从墙缝里取出装着《共产党宣言》的竹筒，使《共产党宣言》免于被焚。

后来，据刘世厚的孙子——现任刘集村党支部书记的刘鸿业回忆，小时候老家的一口木匣子里藏着一些"宝贝"，但具体是什么并不清楚。一次，他发现爷爷眯起昏花的双眼，穿针引线重新装订"宝贝"，之后还常常拿出"宝贝"仔细欣赏。其实，刘世厚并不知道，他用生命保护下来的《共产党宣言》，一直牵动着周恩来总理的心。1975年1月，已重病在身的周恩来见到《共产党宣言》的最初译者、时任复旦大学校长陈望道，紧握着他的手问道：《共产党宣言》最早的译本找到没有？那是马列老祖宗在我们中国的第一本经典著作，找不到它，是中国共产党人的心病啊！陈望道看着总理期待的目光，遗憾地摇了摇头。

1975年，在广饶县革命文物征集活动中，84岁高龄的刘世厚将保存了43年的《共产党宣言》恋恋不舍地献给广饶县历史博物馆。如今，这本《共产党宣言》陈列在东营市博物馆，被列为国家一级文物。这本书系平装本，书面印有水红色马克思半身像，其特别之处在于书名《共产党宣言》错排成《共党产宣言》，直至1920年9月再版时，错排的书名才得以纠正。

南陈北李　相约建党

　　"南陈北李，相约建党"是我党历史上的一段佳话。"南陈"指的是陈独秀，"北李"指的是李大钊。1889年10月29日，李大钊出生在河北省乐亭县。他从天津北洋法政专门学校毕业后，入东京早稻田大学政治本科学习。当日本帝国主义提出灭亡中国的"二十一条"后，李大钊积极参加留日学生总会的爱国斗争，起草的《警告全国父老书》迅速传遍全国。

　　1916年，李大钊回国到北京大学任图书馆主任兼经济学教授，积极投身新文化运动。俄国十月革命的胜利极大地鼓舞和启发了李大钊，他先后发表了《法俄革命之比较观》《庶民的胜利》《布尔什维主义的胜利》等文章和演说。社会各界称赞李大钊"铁肩担道义，妙手著文章"。

　　1920年初，李大钊为帮助刚出狱的陈独秀免遭迫害，决定亲自护送陈独秀离开北京。李大钊找了几本账簿，装扮成账房先生。陈独秀找了一顶毡帽、一件油背心，装扮成老板。两人雇用了一辆骡车，打扮成下乡讨账的商人，从朝阳门离京南下。从北京到天津的路上，二人进行了筹建中国共产党的酝酿和探讨。二人到达天津后，陈独秀立马购买船票前往上海。

1920年8月，陈独秀成立中国共产党上海发起组；11月，李大钊创建中国共产党北京支部。他们遥相呼应，积极活动，扩大宣传，发展组织，积极推进建立全国范围的共产党组织。

由于革命形势日益高涨，李大钊的名声也越来越大，北洋军阀多次通缉、抓捕他。1926年9月的一天，地下党员李渤海叛变投敌，将李大钊隐匿在东交民巷的情报及其他党员名单供出，张作霖勾结帝国主义逮捕了李大钊等80余人。

敌人对李大钊软硬兼施，妄图逼他供出党的机密。李大钊坚贞不屈，没有透露半点信息。敌人对他施用了种种酷刑，却没有从他口中得到一点东西。

1927年4月28日，反动军阀不顾社会舆论的强烈谴责，悍然将李大钊等20位革命者绞杀在北京西交民巷京师看守所内。临刑前，李大钊视死如归，从容不迫，第一个走上绞架。当刽子手把绞绳套在李大钊脖子上的时候，他面对19位即将遇难的同志，发表了最后一次演说："不能因为你们今天绞死了我，就绞死了伟大的共产主义！我们宣传的马克思主义，已经培养了许多同志，如同红花的种子撒遍各地。我们深信，共产主义在中国、在世界必然得到光辉的胜利！"

李大钊英勇就义，年仅38岁，留下了共产党人为信仰献身的千古绝唱。

"我的头可断，志不可夺！"

"你们只能砍下我的头，可绝不能丝毫动摇我的信仰。我的头可断，志不可夺！"这是杨闇公在牺牲前怒斥敌人的话，表现了一个共产党员坚守自己的信念、宁死不屈的大无畏革命精神。

杨闇公，又名杨尚述，杨尚昆同志的四哥。杨闇公从小受到爱国主义教育，立志救国。1913年入南京军官教导团学习，1917年东渡日本留学，1920年秋回国。在重庆，他积极从事马克思主义的启蒙宣传活动。在成都，他加入中国社会主义青年团，与吴玉章一起成立中国青年共产党。1925年3月，他加入中国共产党，与吴玉章、童庸生等四川地区共产主义先驱者一道，整顿和改组四川国民党组织，实现四川省内的国共合作。同年10月，中共四川地方委员会成立，杨闇公被选为书记。第二年他又担任了中共重庆地方执行委员会书记、地委军委书记。

1926年8月，重庆地委提出了在四川"扶起朱德、刘伯承同志，造成一系列军队"的战略主张，决定在顺庆、泸州一线发动武装起义。党中央同意了顺泸起义的计划，决定在重庆地委内增设军事委员会，由杨闇公任书记，朱德、刘伯承为委员，陈毅也参加了领导工作。顺泸起义于12月初打响，很快便占领了泸州和顺庆，极大地震慑了四川军阀。这次起义虽以失败告终，但它积累了党领导军事工作的经验，参与领导起义的吴玉章、刘伯承、朱德、陈毅，均成为后来"南昌起义"的骨干和中坚。

在杨闇公的领导下，中共重庆地委在统一战线、武装斗争和党的建设三个方面开展了创造性的工作，四川地区出现了党组织坚强，国共合作巩固，群众运动高涨，武装斗争声势浩大的新局面，一跃成为全国革命形势发展最好的地区之一。

1927年春，四川反动军阀与蒋介石勾结起来，加紧策划对共产党人和革命群众实行大屠杀。3月31日，在杨闇公等同志主持下，重庆市群众在打枪坝集会，抗议英美帝国主义军舰炮轰南京城的罪行。四川军阀刘湘派军警对集会群众血腥镇压，酿成惨绝人寰的重庆"三三一"惨案。惨案发生之后，杨闇公受到敌人的追捕。4月4日，他在动身去武汉向中央汇报工作时，不幸被捕，被囚禁在佛图关蓝文彬七师的司令部。

敌人费尽心机，妄图使他屈服。但无论严刑拷打还是威逼利诱，杨闇公始终坚贞不屈，大义凛然，慷慨激昂地痛斥敌人的卑鄙无耻，揭露敌人的阴谋诡计。高呼"打倒帝国主义！""打倒军阀！""中国共产党万岁！"敌人十分震惧，残忍地割下他的舌头。嘴不能喊，杨闇公就用鼻子狠狠地哼斥，用眼睛的利剑刺向敌人。最后，无计可施、胆战心惊的刽子手，凶残地挖去他的双眼、砍断他的双手后，于4月6日夜向他连射了3枪，将杨闇公残酷地杀害于重庆佛图关。

杨闇公英勇不屈，为党和人民流尽了最后一滴鲜血，他用生命和热血实践了自己"人生如马掌铁，磨灭方休"的人生格言。

"革命者决不下跪，只能站着死！"

1926年6月，陈延年在旅法中国少年共产党旅欧支部的第一次代表大会上，和赵世炎、周恩来等人一起当选为委员；9、10月间，她和弟弟陈乔年又与王若飞等人一起，经胡志明介绍参加了法国共产党。不久转为中国共产党党员。

1927年3月，陈延年奉命前往武汉，参加党的五大筹备工作，之后回上海。4月22日，他接替了罗亦农的江浙区委书记一职，并在党的五大上当选为中央委员，后为政治局候补委员。工作中，陈延年一向勇挑重担，就像一头不知疲倦的骆驼，忘我而无私地战斗着。

蒋介石发动"四一二"反革命政变后，大革命陷入腥风血雨之中。陈延年面对随时可能降临的危险，和许多虎口余生的革命者一道坚持战斗。1927年6月16日，因一名交通员被捕，暴露了江苏省委（此时，"江浙省委"已分为江苏省委和浙江省委，陈延年时任江苏省委书记）的地址和人员名单。

这天下午3时，江苏省委被大批国民党特务包围，陈延年见无法逃脱，便用桌椅板凳与敌人展开搏斗，并让其他同志趁机逃出。陈延年等4名同志不幸被捕。

由于陈延年平常不照相、不看戏、不上饭馆，被捕时，又是一身粗衣打扮，称自己是被雇用的炊事员，所以并没有暴露身份。谁知，其父亲的同乡好友汪孟邹得知这个消息后，竟然自作主张，托朋友打通国民党内部的关系，希望能使陈延年早日恢复自由。不料，所托之人吴稚晖对陈延年兄弟二人在法国公开放弃无政府主义、转信马克思主义早已怀恨在心，加之"四一二"前后陈延年一直都在反对蒋介石，这些信息国民党内部早已掌握。

陈延年的真实身份暴露以后，敌人软硬兼施，酷刑之下，他仍不改口，表现出一名共产党员的钢铁意志。敌人见无法使他屈服，于是坚定将他处决。

1927年7月4日夜，陈延年被押赴刑场。当刽子手要他跪下时，他傲然屹立，大义凛然地说："革命者决不下跪，只能站着死！"刽子手一拥而上，拼命地把他往地上按，他却一跃而起。如此反复再三，刽子手也没能把他按倒。最后，刽子手一阵乱刀，将陈延年活活砍死，随后又惨绝人寰地将陈延年的尸体剁成数块。陈延年英勇就义时，年仅29岁。在他短暂的生命中，为中国革命事业做出了重要贡献。

刑场上的婚礼

1928年1月27日，由于叛徒向敌人告密，中共广州市委组织部部长兼市委工委书记周文雍不幸落入敌人魔掌，一起被捕的还有组织上派到周文雍身边协助工作的陈铁军。

陈铁军，原名陈燮军，在广东大学文学院求学期间，为追求进步，铁心跟共产党走，她将原名燮军改为铁军。广州起义准备期间，陈铁军受中共党组织的派遣，装扮成周文雍的妻子，参与起义。起义失败后，党组织要求他俩仍然假扮夫妻，寻找失去联系的党员，重建秘密联络点。

审讯过程中，敌人对周文雍施以"放飞机""坐老虎凳""插手心"等酷刑，周文雍几次晕厥，但他始终大义凛然、坚贞不屈。敌人又用高官厚禄来诱惑，他仍严词拒绝、毫不动摇。最后敌人强迫周文雍写自首书，他痛斥反动派的无耻罪行，毅然在墙上写下遗诗：

头可断，肢可折，革命精神不可灭。

壮士头颅为党落，好汉身躯为群裂。

敌人无计可施，决定开庭判决。周文雍又利用法庭这个"讲坛"同敌人斗争，宣传革命真理。

敌法官："你为什么要参加共产党？"

周文雍："为了全中国人民的自由和解放。"

敌法官："哪些人是共产党？从实招来！"

周文雍："全中国的工农都是，你去抓吧！共产党是杀不完的。"

在狱中，陈铁军也同周文雍表现得一样坚强，她对敌人的威逼利诱不为所动，只关心"丈夫"的情况。

当敌法官宣判周文雍和陈铁军死刑时，他俩神态自若，视死如归。敌法官问周文雍有什么要求，他提出和妻子陈铁军照一张合影，敌人应允了，把摄影师带到监狱里来。周文雍和陈铁军肩并肩站在铁窗下照了一张相，作为给党和同志们的永别留念。在革命斗争的过程中，他们产生了爱情，但为了革命事业，这份感情一直被埋藏在心底。生命的最后时刻，他们决定将埋藏在心底的爱情公布于众，在敌人的刑场上举行革命者的婚礼。

1928年2月6日下午，天空下着毛毛细雨，寒风刺骨。敌人将周文雍、陈铁军从监狱押赴红花岗刑场。他们沿途慷慨激昂地高呼"打倒帝国主义！""打倒国民党反动派！""中国共产党万岁！"等革命口号，并高唱《国际歌》。群众闻讯赶来，无不为之动容，自发地尾随刑车为英雄送行。

在敌人的枪口前，面对着围观的百姓，陈铁军大声呼喊："我和周文雍同志假扮夫妻，共同工作了几个月，合作得很好，也建立了深厚的感情。但是由于专心工作，我们没有时间谈个人的感情。现在，我们要结婚了。就让国民党刽子手的枪声，作为我们结婚的礼炮吧！"

刽子手的枪声响了，这对革命伉俪倒下了。周文雍在牺牲前，用最后的气力向群众呼喊着："同志们！革——命——到——底！"

"革命者不会在敌人的屠刀下求生！"

向警予是一位出身商贾之家的土家族姑娘。1916年夏天，向警予回到家乡湖南溆浦县，开办了第一所男女同校的新式学堂，并任校长。这位外表俊秀、性格直率的女校长，上任做的第一件事就是要女生们放脚，还亲自为她们解开裹脚布，提倡男女平等、破除封建思想的新观念。后来，向警予成长为第一个女中央委员、党中央第一任妇女部长，成为中国妇女运动的先驱和女权主义领袖。

1918年4月，毛泽东、蔡和森发起成立新民学会。向警予得到消息后，通过北大校长蔡元培介绍，参加了新民学会。她与蔡和森的交往因此逐渐增多。

1919年12月，在赴法勤工俭学的航船上，共同的革命理想，使蔡和森、向警予这两颗青春火热的心融合在一起。次年5月，他们在法国蒙达尼正式结婚，人们把他们的结合称为"向蔡同盟"。他们的结婚照，仅仅是并肩坐在草坪的长椅上，共同捧着一本打开的《资本论》。在长沙的毛泽东得知此事后写信说："我听得'向蔡同盟'的事，为之一喜，向蔡已经打破了'怕'，实行不要婚姻，我们正好奉向蔡做首领，组成一个'拒封建婚姻同盟'。"

1921年底,向警予回到上海,第二年加入了中国共产党,开始领导中国最早的无产阶级妇女运动,培养了大批妇女工作干部,在妇女解放运动史上作出了不可磨灭的贡献。

1927年是浸透了血和泪的一年。这一年,向警予在湖北汉口工作。省委机关遭到彻底破坏,很多同志被捕杀害。党的大部分领导先后转移,向警予却主动要求留在武汉,坚持地下斗争,她说:"武汉三镇是我党重要的据点,许多重要负责同志牺牲了,我一离开,就是说我党在武汉失败了,这是对敌人的示弱,我决不能离开!"

1928年3月20日拂晓,由于叛徒的出卖,向警予不幸被捕。她在监狱中还坚持向难友们宣传革命,介绍马列主义,讲农村暴动,唱革命歌曲。每次受刑回来,难友们看到她血肉模糊的身体,都难过得掉泪,可她仍然鼓励大家要斗争到底。最后一次审讯时,敌人威胁说已经查明了她是共产党重要领袖,逼她招供。向警予毫无惧色地回答:"不要多讲废话,要杀就杀!至于我是不是向警予,没有多大关系,横竖你们都是刽子手!革命者不会在你们的屠刀下求生!"

敌人决定在5月1日杀害向警予。走向刑场时,她神情自若,嘴角挂着微笑,向沿途的百姓做了最后一次演讲。敌人对此极端恐惧,拳打脚踢,不许她开口,但她仍然坚持讲下去。残暴的匪徒往她的嘴里塞石块,又用皮带缚扎她的嘴巴和双颊，阻断她的喊声，许多人目睹这一惨状都哭了起来。

在武汉余记里空坪刑场，年仅33岁的向警予英勇就义。

刑场挥写就义诗

1900年，夏明翰出生于湖北秭归县一个名门望族。从小就心系国家命运的夏明翰，在上学的时候便加入了学生爱国组织，成为当地著名的爱国学生。

1920年，夏明翰在长沙结识了毛泽东、何叔衡等人，并经他们二人介绍加入了共产党。入党后不久，夏明翰为湖南培养出一大批党团骨干。"八七"会议后，毛泽东从武汉回到湖南，领导秋收起义，夏明翰主要负责联络工作。1927年10月，夏明翰领导发动了平江、浏阳的农民暴动，有力地配合了井冈山根据地的创建。

1928年初，中央调夏明翰到湖北，任湖北省委常委。这时，统治湖北的桂系军阀破坏了一批暴动机关，并加紧搜捕其他共产党员和革命群众，许多被捕者不经审判便被处决。面对白色恐怖，夏明翰全无惧色，仍奔走在各个秘密机关，部署"停止年关暴动"计划。就在夏明翰送李维汉乘船回上海、自己准备转移时，不幸被捕。

夏明翰被捕后，连续受到残酷刑讯，他在拷打中无所畏惧，怒斥反动审判官。回到牢房，他知道生命将要结束，便用敌人扔给他的半截铅笔分别给母亲、妻子和姐姐写了诀别信。

在给母亲的信中，夏明翰写道："亲爱的妈妈，别难过，别呜咽，别让子规啼血蒙了眼，别用泪水送儿别人间。儿女不见妈妈两鬓白，但相信你会看到我们举过的红旗飘扬在祖国的蓝天！"

在给妻子的信中，夏明翰写道："我一生无愁无泪无私念，你切莫悲悲凄凄泪涟涟。张眼望，这人世，几家夫妻偕老有百年。抛头颅、洒热血，明翰早已视等闲。'各取所需'终有日，革命事业代代传。红珠留着相思念，赤云孤苦望成全，坚持革命继吾志，誓将真理传人寰！"

在给大姐的信中，夏明翰写道："大姐为我坐监牢，外甥为我受株连，我们没有罪，我们要斗争，人该怎么做，路该怎么走，要有正确的答案。我一生无遗憾，认定了共产主义这个为人类翻身解放造幸福的真理，就刀山敢上，火海敢闯，甘愿抛头颅，洒热血。"

三封家书，饱含着夏明翰对家人的思念和期望，也彰显着一名共产党人的坚定信念。被捕两天后，即1928年3月20日清晨，年仅28岁的夏明翰被带到汉口余记里刑场。行刑官问他有无遗言，他大喝道："有，给我拿纸笔来！"接着，他挥笔写下了这首大义凛然的就义诗：

砍头不要紧，只要主义真。

杀了夏明翰，还有后来人。

我为革命生，誓为革命死

1928年3月，广东省国民党当局派出4 000余人，对琼崖苏区和红军进行围剿，琼崖讨逆革命军司令部总司令冯平被迫率部转移。当时，国民党反动派到处张贴布告：如抓到冯平赏1 000光洋，抓到其他红军干部赏500光洋，打死割头的赏300光洋。

5月9日，由于叛徒出卖，冯平在琼山县西昌地区仁教岭被国民党军包围，弹尽负伤后被捕。第二天，敌人把他从西昌抬到澄迈县金江墟，大造舆论，把他绑缚在竹椅上，由四个国民党军抬着示众。这一天，正值金江墟日（集市），老百姓从四里八乡赶来，怀着沉痛的心情看望自己的红军司令。

被绑在竹椅上的冯平，面无惧色，脸上流露着激动的神情，对前来围观的数千名群众进行革命宣传："父老兄弟们！感谢大家来看我冯平。革命不怕死，怕死不革命，杀了一个冯平，还有千万个冯平！革命者是杀不绝的，共产主义一定会实现！"冯平慷慨激昂的讲演和视死如归的英勇气概，感染了在场的百姓。

国民党没有立即杀掉冯平，企图通过劝降和允诺，让冯平"投诚"叛变。国民党澄迈县县长王光玮是冯平中学时期的同学。他受上峰指示，来劝说冯平放弃共产主义信仰，归顺国民党。冯平当场揭露敌人诱降的阴谋，宣传共产党主张，把王光玮驳得抬不起头来。冯平说："王光玮，你还记得文天祥的名言'人生自古谁无死，留取丹心照汗青'吗？"王光玮点点头，惭愧而去。

国民党军长蔡廷锴也来到澄迈亲自审问冯平。他劝说冯平："你如改变信仰，可以到省里当官。"冯平答："要我不信共产主义，比太阳从西边上来还难。"蔡廷锴说："共产党杀人放火。你为什么要当共产党？"冯平说："杀人放火的是你们，不是我们。共产党是为穷人、为全人类谋利益的，富人恨她，穷人爱她，我就是喜欢共产主义。"蔡廷锴说："你是苏联留学生，有学问，又年轻，回头是岸。"冯平说："我为革命生，也为革命死，你何必白费心机。"蔡廷锴多次审问，但冯平宁死不屈、昂首以对。蔡廷锴问多了，冯平只重复一句："我个人之生死，早已置之度外。请便吧。"

7月4日上午11时，年仅29岁的共产主义战士冯平和他的亲密战友符节，被国民党反动派军警押送到刑场。他们高唱《国际歌》，向沿途群众点头告别。他们昂首从容、眼神坚毅地走向刑场，高呼着"共产主义万岁！""中国共产党万岁！"，英勇就义。

寻淮州孤胆夺枪

1929年春节刚过，红军第一师第一团在遂川休整。这一天，团长张子清把已担任排长的寻淮州叫到跟前，亲自给他交代了一个特殊任务。

当时，红军的武器装备特别紧张。张子清得到一个情报说，距遂川城15公里的地方，有一个姓卢的土豪，家里有10支枪，但他家里家丁众多，附近还驻有国民党的正规军。张子清请示毛泽东委员后，决定派寻淮州带领20人去把卢土豪家里的10支枪夺来。

受领任务后，寻淮州非常兴奋。他满怀信心地对团长说："请团长放心，我保证完成任务！"但他转念一想，对团长建议说："那个土豪离我们这里几十里地，去20个人，不便于隐蔽；加之土豪家里家丁多，附近还有国民党的军队，我们只能智取，不能硬拼。我建议团长只派我一个人去就行，保证把枪一支不少地搞回来！"

听寻淮州说得有理，张团长同意了他的建议。当天下午，寻淮州穿上从老乡那里借来的放牛娃穿的破衣服，带着一条麻绳、一个杀猪用的铁钩子、两只驳壳枪和两枚手榴弹，只身一人，顶风冒雪，向着卢土豪的宅院出发了。

　　寻淮州走后，大家都为他孤身一人入虎穴的夺枪行动捏了一把汗。但出乎大家意料的是，第二天清晨，大家还没起床，寻淮州就满头大汗地扛着10支枪回来了，而且没费一枪一弹，自己也毫发无损。

　　张子清得知寻淮州圆满完成任务胜利归来，十分高兴。毛委员得知喜讯，立即来看望寻淮州。他紧紧握住寻淮州的手，称赞寻淮州："你不愧为'飞毛腿'、孤胆英雄，干得好，干得漂亮！我代表全团指战员向你表示祝贺！"

　　随后，寻淮州向毛委员详细汇报了自己的夺枪经过。

　　原来，他进入卢土豪宅院时已是深夜，厢房里的家丁都已进入梦乡，只有卢土豪和小老婆在正房里吃夜宵。他机智地摸进正房，一个箭步冲到卢土豪跟前，一把抓住卢土豪的衣领，用手枪顶住卢土豪的脑袋，卢土豪和小老婆顿时吓得六神无主，魂飞胆丧。

　　当卢土豪弄清寻淮州的来意后，并不想把枪拱手相让，先是说没有枪，后来又说自己去拿。但他的狡猾没有逃脱寻淮州智慧的眼睛。寻淮州又一次用枪狠顶了一下卢土豪的脑袋，命令他老实点，还告诉他自己带来3个排的兵力，只要枪声一响，就会冲进来杀了卢土豪全家。

　　卢土豪一看毫无办法，只得让小老婆去叫醒家丁，乖乖地把枪全部交给了寻淮州。

　　寻淮州扛着缴获的10支枪，命令卢土豪亲自把自己送出村子。临别时，寻淮州还故意像下命令似的说："一二三排，跟我撤！"就这样，寻淮州不费一枪一弹，就把10支枪搞了回来。

听完寻淮州的叙述，毛委员高兴地拍着寻淮州的肩膀说："我看你这个小排长，应该改一下称呼了，应该叫你'小英雄'才对啊，干得漂亮！干得漂亮啊！"

第二天，遂川城里的红军全部集合，请寻淮州讲孤胆夺枪的故事。最后，毛委员亲自走上讲台，对寻淮州的英勇行为给予高度赞扬，号召全体战士向寻淮州学习。

寻淮州孤胆夺枪

壮志未酬身先死

    1918年，17岁的邓恩铭考入山东省立第一中学。五四运动爆发后，他积极投身反帝爱国运动，大量阅读宣传新文化、宣传马克思主义的书刊，开始向共产主义者转变。1920年11月，邓恩铭与王尽美等人发起组织"励新学会"。1921年春，在上海、北京共产党组织的帮助下，济南共产主义小组秘密成立，王尽美、邓恩铭担任小组负责人。同年7月，王尽美、邓恩铭赴上海出席中国共产党第一次全国代表大会。

    1921年9月，邓恩铭与王尽美等人在济南发起成立马克思学说研究会。1923年，他受中共济南地方支部委派到青岛开展工作。青岛是邓恩铭从事革命工作时间最长的地区。他克服政治环境险恶、经费紧张等困难，深入群众中间，在工人中发展党团员。在青岛四方机厂附近，他创办了工人文化补习学校，宣传马克思主义，发展党组织，联系党团员，领导工人斗争。

    邓恩铭利用在《胶澳日报》编辑《胶澳副刊》的机会，连载《列宁传略》，发表介绍十月革命和世界工人运动的文章，传播革命理论，唤起民众觉醒。在他的努力下，成立了中国社会主义青年团青岛支部，建立了中共青岛组。他积极发展工会组织，发动工人运动。1925年2月8日，邓恩铭发动了胶济铁路和四方机厂工人大罢工，经过9天斗争，迫使厂方答应了工人提出的部分条件。这年的4月到7月间，邓恩铭连续组织发动领导了日商纱厂工人的3次罢工，他奔走于青岛各区各界，掀起了反帝爱国斗争的新高潮。

在组织工人运动的过程中，邓恩铭曾两次被捕。1929年1月，他在济南向山东省委汇报工作期间，因叛徒告密，第三次被捕。在被关押的两年多时间里，他一直是狱内党组织的主要负责人，领导着被捕党员同敌人进行斗争。他动员大家坚持学习，准备出狱后为革命多做贡献。曾在狱中领导难友进行数次绝食抗争，并策划了两次越狱斗争。

面对敌人的残酷刑罚和威逼利诱，邓恩铭毫不畏惧，表现出一位共产党人坚贞不屈的英雄气概。1931年3月，邓恩铭给母亲写下最后一封家书，以一首诗抒发自己对共产主义的坚定信念："卅一年华转瞬间，壮志未酬奈何天；不惜唯我身先死，后继频频慰九泉。"

1931年清明节的凌晨，国民党的枪口对准了这位年轻共产党人的胸膛，邓恩铭和他的21位战友英勇就义，为实现共产主义的坚定信仰，洒下了最后一滴鲜血。

"当中国人无上光荣！"

1913年秋天，不满18岁的吉鸿昌瞒着家里人，毅然投身军营，在冯玉祥手下当兵。他凭着吃苦耐劳、智勇、正直被冯玉祥所赏识。短短几年间，从学兵、连长，继而晋升为宁夏省政府主席兼第十军军长。

立志"当兵救国，为民造福"的吉鸿昌，秉性刚直，疾恶如仇，尤其痛恨那些卖国求荣、分裂祖国的行径。

一次，蒋介石以高官厚禄拉拢吉鸿昌，要他率部进攻苏区。吉鸿昌不愿看到手足同胞自相残杀，就以生病为由，隐退上海。在上海，他与共产党组织取得联系，策划率部起义，不料被蒋介石察觉，解除了他的兵权，"安排"其出国考察。

1931年9月，吉鸿昌即将启程出国。这时候，九一八事变发生了。吉鸿昌当面向蒋介石请缨，要求准允他带兵到一线抗击日军，却遭到了蒋介石的无理拒绝。9月23日，吉鸿昌被迫登上了出国的轮船。

刚到美国时，吉鸿昌接二连三地遭到美国人的侮辱。有一次，吉鸿昌准备往国内寄些衣物。当他告诉邮递员要往中国寄东西时，邮递员竟然说"不知道中国"，这令吉鸿昌非常气愤。有在外国的中国人听说这件事之后，就劝他"委屈"一下，把自己说成是日本人，就不会有这种事情发生了。吉鸿昌听了勃然大怒，厉声斥责："你觉得当中国人丢脸，我却认为当中国人无上光荣！"余怒未消的吉鸿昌回到家里，立即找来一块木牌，亲自写上"我是中国人"五个大字，无论走到哪里，他都把这块牌子挂在胸前。他要让所有看不起中国人的外国人看到，真正的中国人在任何时候都以自己是中国人自豪。

1932年4月，吉鸿昌在北平加入了中国共产党。为了组织抗日武装，他变卖家产购买武器，联络各地抗日武装，投入到轰轰烈烈的抗日斗争中去。

1934年11月9日晚，吉鸿昌在法租界秘密开会时被逮捕。11月24日，蒋介石下令"立时枪决"吉鸿昌。吉鸿昌正气凛然，无所畏惧，他披上斗篷，以树枝作笔，在刑场的地上写下了一首感天动地的就义诗："恨不抗日死，留作今日羞。国破尚如此，我何惜此头！"扔掉树枝，吉鸿昌转过身，声色俱厉地对行刑的特务喝道："我为抗日而死，为革命而死，不能跪下挨枪，死后也不能倒下，给我拿把椅子来！"吉鸿昌又对开枪行刑的特务命令："到前面开枪！共产党员要死得光明正大，决不能在背后挨枪，我要亲眼看着蒋介石的子弹是怎样打死我的！"而后吉鸿昌挺起胸膛，振臂高呼："中国共产党万岁！""打倒日本帝国主义！""中国革命万岁！"

吉鸿昌被杀害于北平陆军监狱，时年39岁。

"为苏维埃新中国流尽最后一滴血"

1934年11月25日，长征中的中央红军开始抢渡湘江，艰苦的后卫掩护任务便落在了红34师的身上。

11月28日，天气异常阴冷。红34师师长陈树湘指挥部队在湘江东岸、广西水车一带山上刚建立起阵地，敌人就蜂拥而至。周浑元部是蒋介石嫡系，更是红34师的老对手，早在第四次反"围剿"中就吃过陈树湘的败仗。这次，他认为红军兵败如山倒，决心一洗往日的耻辱，在蒋介石面前邀功请赏。

陈树湘面对数十倍于己的敌人，毫无惧色，镇定自若地指挥红34师将士沉着应战。经过三天三夜的艰苦战斗，红34师打退了敌人的一次又一次进攻，掩护了中央机关、中革军委纵队和主力红军渡过湘江。

12月1日，已经与三面之敌鏖战4天5夜的红34师，胜利完成了后卫掩护任务，但他们为此付出了重大牺牲，全师6 000余人锐减到不足1 000人。而此时，他们仍处在敌人的包围之中，湘江沿岸各个渡口已完全被敌人封锁，部队被敌人截断在湘江东岸，无法渡江追赶主力。

夜幕降临的时候，陈树湘指挥红34师开始突围，师长陈树湘在硝烟中向全师宣布了两条决定：一是寻找敌人兵力薄弱的地方突围出去，到湘南发展游击战争；二是万一突围不成，誓为苏维埃新中国流尽最后一滴血！

12月2日，陈树湘带领余部拼死冲杀，终于突出重围，身边仅剩200多名战士，陈树湘腹部中弹，伤势严重。战士们用担架抬着流血不止、脸色惨白的师长向道县驷马桥方向退去。不久，陈树湘和警卫员被俘。敌人得知抓到一名红军师长，高兴得发狂。在驷马桥坐镇指挥的道县保安团一营营长何湘命令将陈树湘抬到一间布铺里，为他医治送饭，企图从陈树湘口中得到红军的情报。陈树湘面对猖狂的敌人，坚贞不屈，拒食、拒医，继续与敌人斗争。

12月9日，保安团抬着陈树湘赶往道县县城，向上司邀功请赏，行至石神村红都庙时，陈树湘乘敌不备，将手从伤口处伸入腹部，抠出肠子，使尽全力，大叫一声扯断了肠子，壮烈牺牲，时年29岁。陈树湘和红34师坚持战斗到最后一刻，实现了他"为苏维埃新中国流尽最后一滴血"的誓言。

半床棉被

1934年11月6日，长征中的中央红军先头部队抵达湖南省汝城县文明司，红军卫生部干部团驻沙洲村。半床棉被的故事就发生在这里。

11月6日，三位女红军住进妇女徐解秀家里，徐解秀家徒四壁，十分贫穷。当天晚上，她们四人一块儿睡在厢房里，盖的是她家里仅有的一条烂棉絮和一床红军的被子。

3天后，女红军要走了，为感谢徐解秀，她们把那床被子剪下一半送给她。徐解秀不忍心，也不敢要。三位红军对她说：红军的队伍同其他部队不一样，是共产党领导的，是人民的军队，打敌人就是为了让老百姓过上好日子。

就在她们互相推让的时候，红军大部队已经开始翻山。徐解秀和丈夫朱兰芳送她们走过泥泞的田埂，到了山下时，天快黑了。徐解秀不放心，想再送一程，因为是小脚，走路困难，就让丈夫送女红军翻山。丈夫和她约定，送女红军翻山追上大部队后就回来。谁知道丈夫当天没有回来，跟三位女红军一样，从此没了音讯。此后每年这几天，徐解秀都要在与丈夫和女红军分别的山脚下等好久。

红军离开沙洲村后，敌人随后赶来，把全村人都赶到祠堂里，逼大家说出谁给红军做过事，大家都不说。敌人就挨家挨户搜查，女红军留给徐解秀的半床被子也被搜走了，敌人还把她拖到祠堂里逼着她跪了半天。

丈夫和三个女红军走了，徐解秀苦苦等了50多年，那间厢房的陈设也一直是原来的样子。徐解秀一直记得临别前女红军对她说过的话："大嫂，天快黑了，你先回家吧。等胜利了，我们会给你送一条被子来，说不定还送来垫的呢。"

从那以后，那送给她半床棉被的三个女红军，就成了徐解秀后半生心心念念的牵挂。

1984年11月7日，参加"重走长征路"采访活动的《经济日报》记者罗开富在沙洲村见到了已经年过八旬的徐解秀老人。她问罗开富："你能见到红军吗？"罗开富答："能见到。"她说："那就帮我问问，说好了，打败敌人要来看我的呀！现在我已有盖的了，只盼她们能来看看我就好。"说到这里，徐解秀泪流满面。

徐解秀说："虽然那辰光为了红军留下的半条被子吃了点儿苦，不过也让我明白了一个道理，什么叫红军，什么叫共产党，共产党就是自己只有一条被子，也要给穷苦人半条的人。"

一床被子，剪成两半，永远相连；半床棉被，温暖了无数人的心。这就是共产党和人民群众密不可分的鱼水之情。

飞夺泸定桥

1935年5月，中国工农红军第一方面军第一军团二师四团一营二连在长征中创造了飞夺泸定桥的伟大壮举，连长廖大珠等22名同志被中革军委授予"飞夺泸定桥二十二勇士"荣誉称号。

泸定桥架于大渡河上。大渡河在两峰夹挤中，宛如一头猛兽，奔腾咆哮，急泻而下。守桥之敌是国民党川军刘文辉第二十四军的一个团。为阻拦红军过河，敌人在桥楼处用沙袋构筑了工事，并将平时铺在铁索上的木板全部拆除，只剩下铁索悬空摇晃。

红四团团长王开湘和政治委员杨成武侦察地形后，立即召开全团干部会议，研究由哪个连担任夺桥突击队。二连连长廖大珠主动请缨："一连强渡乌江立了功，成为模范连，我们二连要向一连学习，争当夺取泸定桥的英雄连！"就这样，二连担任了夺桥突击队。

下午4时，总攻开始。随着一声令下，全团司号兵组成的号队同时吹响震撼河谷的冲锋号，所有轻重机枪一齐向河东岸射击。二连连长廖大珠、指导员王海云和四班副班长刘梓华等22名勇士组成的突击队，勇敢地冲向桥头。

桥上，根根索链闪着寒光；桥下，滔滔河水奔腾汹涌。22名勇士每人一支冲锋枪或毛瑟手枪，背插马刀，腰缠手榴弹，手抓脚踏铁索，冒着炮火，迎着枪弹，向着东岸桥头步步逼近。敌人的子弹在头顶、身边、脚下呼呼乱窜，勇士们一节又一节、一尺又一尺，艰难地向前移动。忽然，一个勇士中弹掉进了波涛滚滚的大渡河，但其他勇士毫不畏惧，仍奋力向前爬着。勇士们眼看就要接近桥头了，突然前方桥楼燃起熊熊烈火，守桥之敌用烈火形成第二道防线，妄图阻止勇士们前进。

突击队员们被熊熊大火点燃了衣服也全然不顾，勇猛地向前突击，一枚枚手榴弹"嗖嗖"地飞向敌群。在一片爆炸声中，他们冲上桥头，冲出火海，冲向敌群。

敌人企图趁我大部队尚未过桥之际，一举消灭突击队。突击队员们占据一块阵地，用冲锋枪和手榴弹向敌人猛烈还击。相持中，突击队员们的子弹眼看快要打光了，敌人趁机发起反扑。勇士们丝毫没有退缩，从背后抽出大刀，同敌人展开激烈的肉搏战。大刀在敌群中飞舞，"嚓嚓"的撞击声夹杂着敌人的惨叫声，回荡在暮色笼罩的阵地上。就在这紧急时刻，杨成武率领三连赶到，一阵勇猛冲杀，把反扑的敌人杀退了。不一会儿，王开湘率领的后续部队也投入了战斗。经过近两个小时的激烈战斗，俘敌100余人，缴枪100余支。

22勇士中只有廖大珠、王海云、李友林、刘金山、刘梓华、赵长发、杨田铭、云贵川8人有史册记载，其他14人均成了无名英雄。

大渡河十八勇士

    1935年5月中旬，中央红军北渡金沙江后，决定趁敌防御未固、合围未成之际继续北上，渡过大渡河，同红四方面军会师。大渡河宽100多米，水深流急，高山耸立，素有"天险"之称。当年，太平天国翼王石达开就是在这里全军覆没的。蒋介石妄图凭借天险，使中央红军成为"第二个石达开"。

    5月25日，红一团开始强渡大渡河，总参谋长刘伯承、红一军团政委聂荣臻亲临前沿阵地。在团长杨得志的指挥下，一营营长孙继先从二连挑选了17人组成突击队，每人1把大刀、1支冲锋枪、1支驳壳枪、五六枚手榴弹，还有作业工具，乘坐仅有的一只渡船，由帅士高等4名当地船工摆渡。

    7时，强渡开始，由于船太小，只能分两次强渡。第一次由连长熊尚林带领8名勇士，冒着枪林弹雨，向河心划去。对岸国民党守军集中火力向小船射击。"迫击炮，给我打，瞄准碉堡打！"随着团长杨得志一声令下，在军团炮兵营营长、"神炮手"赵章成指挥和亲自射击下，4个碉堡全部被摧毁。小船在弹雨和激浪中颠簸前进，冲过险阻靠上对岸。小船回到南岸，第二次由孙继先带领其余8名勇士强渡。他们刚过中流，一名战士右臂负伤，船底也被打穿，大家七手八脚堵住漏洞。正在这时，船突然向一块礁石撞去。船夫用力拨桨，拼命抵住礁石，船保住了。大家跳上礁石，手推肩扛使船绕过礁石，划向对岸。登岸后，与第一船战友会合。17名勇士在营长孙继先带领下，冒着敌军的密集枪弹和炮火，互相掩护着一级一级地向崖顶逼去。猛然间，滚雷夹杂着手榴弹从崖顶倾泻下来，石级上顿时掀起了股股浓烟。危急时刻，突击队员立即紧贴石壁而立，躲避了密集的滚雷、手榴弹。他们又一次战胜了危险，利用烟雾的掩护，飞速跃上崖顶，勇猛地冲向敌群。

崖顶上，一群敌人从工事里跳出来，向突击队员疯狂扑来，企图趁他们立足未稳，把他们赶下崖去。在我军对岸火力支援下，突击队员们一个个抖擞精神，冲进敌群，与敌人展开了激烈的肉搏战。突击队员们挥舞着大刀，上遮下挡，左劈右砍，直杀得敌人鬼哭狼嚎，霎时间乱了阵脚。突击队员们乘机冲进碉堡，用冲锋枪向慌乱的敌人猛扫，牢牢地控制了渡口，突破了被称为"天险"的大渡河防线。

"彝海结盟"

1935年5月，刘伯承率领先遣队红一师进入大凉山彝族聚居区，相传这里是诸葛亮"七擒孟获"的地方。能否顺利通过彝族区，直接关系到红军能否迅速北上的重大战略行动。

队伍前进时，突然从山林中传来阵阵呐喊声，只见山路上冲出几百名彝族青壮年，手持棍棒、猎枪、石块、长矛和弓箭，警觉地注视着红军队伍，情势十分凶险。这时萧华和翻译走上前去，向一个骑着骡子、身材高大的中年彝族人耐心地阐明红军宗旨和借道北上的目的。这个中年彝族人就是彝族首领小叶丹的四叔。他看到红军纪律严明、态度和蔼，与国民党军队及四川军阀大不一样，便挥退人群，和萧华他们交谈起来。萧华见情势缓和下来，又进一步向他们说，红军是为穷人打天下、反对国民党反动派和地方军阀的队伍，今天借道北上，保证秋毫无犯，我们红军刘伯承司令愿与彝族首领结盟修好。为表示诚意，萧华还送给他们几支步枪和一支手枪。

红军的诚意打动了彝族人，很快得到回话，小叶丹愿与红军结为兄弟。

而此时在先遣队指挥部，刘伯承正为红军前进受阻而倍感焦虑，接到小叶丹愿与红军结盟的消息后十分高兴，脸上的阴霾一扫而光："我们和彝族不结盟是兄弟，结盟更是兄弟，我们共产党人应做团结的模范。"他决定亲自去参加结盟仪式。

结盟仪式在阳光明媚、风景秀丽的彝海边举行。见到大名鼎鼎的刘伯承司令员原来是一个气质儒雅、和蔼可亲的兄长，小叶丹敬佩有加："按照我们的传统习惯，我们今天歃血结盟，兄弟相称，你同意吗？"刘伯承爽快地答道："同意！"小叶丹高举拳头喊了一声，几个彝人跑上来，手里提着一只大公鸡，端着两大碗酒。小叶丹左手抓鸡，右手握着大镰刀，口里念道："5月22日，刘司令、小叶丹在彝海湖边结义为兄弟，以后如有反悔，如同此鸡。"说完举刀割断鸡喉，鲜红的鸡血滴进碗里。在彝海边湛蓝的天空下，刘伯承举碗发誓："我刘伯承愿与小叶丹结拜为兄弟。"说罢，两人举碗一饮而尽，静静的海子边顿时一片欢腾。

第二天清晨，刘伯承等率领红军先遣队出发了，小叶丹叔侄走在红军队伍最前面，热情地为红军带路。分别时，小叶丹将一匹心爱的大黑骡子赠送给刘伯承兄长，刘伯承赠送给小叶丹一支手枪和一批其他武器装备。

红军在长征中，经过了众多少数民族地区，始终把贯彻党的民族政策放在重要位置，得以团结更多力量，不断向胜利前进。

『彝海结盟』

勇夺腊子口

　　腊子口系藏语音译，意为"险绝的山道峡口"，位于甘肃省迭部县境内，是四川北部通往甘南的必经之路。腊子口周围是崇山峻岭，东西两侧都是100多米高的陡峭石崖，如刀劈斧削一般，中间是一个宽8米左右的隘口。腊子河从峡口奔涌而出，抬头望去，只见一线青天，地形险要，易守难攻。

　　1935年9月16日，党中央率陕甘支队到达岷山脚下的腊子口。此时，红军四面受敌，若不能尽快拿下天险腊子口，不但无法实现中央北上抗日的主张，红军还将会面临被敌人合围的危险。因此，毛泽东果断下达了两天之内拿下腊子口的命令。

　　为了围堵红军，国民党陆军新编第14师在此设防，从山口往里，直到岷县，纵深配置重兵，妄图凭借天险挡住红军的去路。

　　16日下午，战斗打响。承担夺取腊子口任务的是红1军团第2师4团，团长王开湘，政委杨成武。红军先后多次对敌发起猛攻，但因地形狭窄，无法展开大规模进攻，都无法接近桥头。

红军重新研究作战方案后，决定由王开湘率领两个连迂回渡过腊子河，攀登悬崖峭壁，袭击东面山顶上的国民党军。正面强攻任务由第2营担任，第6连为主攻连，由杨成武指挥。

6连接到任务后，挑选了15名党团员，组成3个突击小组。突击队员们攀着崖壁上横生的小树，悄悄地摸到了桥边，利用桥肚底下的横木，一手倒一手地往对岸运动。另外两个突击小组趁敌人火力被吸引至桥下的机会，冲进桥头上的工事。桥下的突击队员乘机从岩石下钻了出来，翻上桥面，拔出大刀，喊着冲杀口号跟敌人肉搏起来。

与此同时，王开湘率1连、2连也已摸至腊子口右侧峭壁下。因河流湍急，探路战士还没到河心就被水冲走，好不容易才被救上来。后来，战士们想到一个好办法，砍倒河边两棵大树倒向对岸，一下子搭起了两座独木桥，勇士们这才渡过了腊子河。

为爬上壁立千仞的悬崖，一名16岁的苗族战士毛遂自荐，用一根带铁钩的长杆子从绝壁攀上崖顶、放下绳索，使迂回部队顺着绳索爬上悬崖，犹如神兵天降。敌人万没想到红军会从峭壁迂回至其后方，惊慌之下士气大泄，被红军两侧夹击，只得仓皇逃命。红军乘胜夺占了独木桥，控制了隘口炮楼。随后，总攻部队兵分两路，沿腊子河向峡谷纵深扩大战果，连克敌人多道防线，一举夺下腊子口天险。

战斗胜利了，但这名苗族战士却献出了宝贵的生命。

没有人知道他确切的名字，只知道他跟随红军走过了云、贵、川，于是，历史上从此留下了红军英雄"云贵川"这个名字。

义勇军歌唤醒民族魂

"起来！不愿做奴隶的人们！把我们的血肉筑成我们新的长城！中华民族到了最危险的时候，每个人被迫着发出最后的吼声。起来！起来！起来！我们万众一心，冒着敌人的炮火，前进！冒着敌人的炮火，前进！前进！进！"每当唱起庄严雄壮、令人热血沸腾的《中华人民共和国国歌》，我们都会想起"聂耳"这个响亮的名字。

20世纪30年代中期，日寇侵占东北后又把铁蹄伸向华北，国内的反动腐朽势力却仍沉溺于纸醉金迷中。社会上充斥着"桃花江""毛毛雨""妹妹我爱你"一类萎靡丧志的亡国之声。作家田汉找到同是共产党员的音乐家聂耳，认为如此"唱靡靡之音，长此下去，人们会成为亡国奴"。二人就此议定，要创作一首歌，来提振国人的士气。

二人研究了《国际歌》《马赛曲》和《船夫曲》，认为很有气势，可以借鉴。1935年初，田汉改编了电影《风云儿女》，并写了一首主题歌——《义勇军进行曲》。由于发现国民党特务已来追捕，他仓促间在一张小小的香烟包装纸上写下歌词，就被抓进监狱。

夏衍拿到田汉留下的剧本，在里面发现了那张写着歌词的香烟衬纸。不久，聂耳来找夏衍，听说此事后，主动提出："作曲交给我，我干！"聂耳根据同田汉一起提出的构想，带着满腔激愤，只用两天时间便谱写了初稿，随后因躲避追捕到了日本。在那里，他一方面受到友好人士的热情接待，一方面也看到军国主义分子大肆鼓噪"扩大在支（那）利益"，并磨刀霍霍，由此更激发了聂耳的创作灵感，再次修改后迅速将歌曲定稿寄回国内，其旋律更加高昂雄壮。

1949年中华人民共和国成立时，中国人民政治协商会议第一届全体会议通过《义勇军进行曲》为代国歌；1982年12月4日全国人民代表大会第五次会议将其正式定为国歌，2004年3月14日第十届全国人民代表大会第二次会议正式将《义勇军进行曲》作为国歌写入《中华人民共和国宪法》。

1935年7月17日，聂耳在日本神奈川县藤泽市鹄沼海滨游泳时，不幸溺水身亡，年仅23岁。聂耳在短暂的一生中，创作了数十首革命歌曲，他的作品影响中国音乐发展几十年。他的音乐创作具有鲜明的时代感、严肃的思想性、高昂的民族精神和卓越的艺术创造性，为中国无产阶级革命音乐的发展指明了方向，树立了中国音乐家的榜样。

狱中《清贫》励后人

　　方志敏，革命家、政治家、军事家、杰出的农民运动领袖，土地革命战争时期闽浙皖赣革命根据地和红十军团的缔造者。他短暂的一生，是清贫的一生。

　　赣东北信江八县苏维埃成立后，方志敏担任苏维埃主席。有人劝方母去向儿子讨些钱，老人也觉得他的饷银当姆妈的理当用得。于是，她第一次也是唯一的一次找方志敏要饷银来了。方志敏很清楚，他从小学到大学的学费，连本带利，父母欠债达700元之巨！方志敏参加革命后，家又被敌人烧劫十余次。母亲是迫于无奈，才来向他要钱。

　　方志敏内疚而诚恳地对母亲说："姆妈，我是当主席，可当的是穷人的主席，哪里是官？饷银嘛，将来会发，现在没有。信江苏维埃刚建立，革命才有个起头，我们每日的饭钵才七分呢！"

　　方母听了，说："晓得了，晓得了。姆妈这一趟没有白来，明白了仔是当穷人的主席，我苦点也舒心啦！"

　　寒冬腊月，方志敏穿着一件薄薄的破棉袄，从弋阳去参加贵溪苏维埃代表大会，这令身穿新棉袄的代表们于心不忍，要给他换件新的。他反复给来人讲"要节省，要减轻群众负担"的道理，执意不收。

有一次，方志敏发现自己吃的是白米粥而大家吃的是米糠和野菜煮的粥，就叫警卫员告诉伙房："大家吃什么，我吃什么，不能特殊。"老管理员听了警卫员的转达，叫了起来："什么特殊？要讲特殊也行！方主席操心又劳累，肺痨痔疮等病痛常常发作，哪个要为这事提意见，我来担当！"方志敏感激这位老同志，但仍然把粥端回去，和大家一起吃糠咽菜。

1934年11月，方志敏任红10军团军政委员会主席，奉命北上抗日，在皖南遭到了国民党军队的围追堵截。面对七倍于己的敌人，方志敏率领部队奋勇突围。突围后，为了接应后续部队，方志敏又一次进入怀玉山区，最后被敌人团团包围，因叛徒出卖被捕。

在狱中，方志敏坚贞不屈，以惊人的毅力和意志，留下了近20万字的文稿，包括《清贫》《可爱的中国》《狱中纪实》等文章。他在《清贫》中写道："我从事革命斗争，已经十余年了。在这长期的奋斗中，我一向是过着朴素的生活，从没有奢侈过。"

方志敏在就义前的自述中写道："我已认定苏维埃可以救中国，革命必能得最后的胜利，我愿牺牲一切，贡献于苏维埃和革命。"

1935年8月6日，方志敏严词拒绝了国民党的劝降，被杀害于江西省南昌市下沙窝，时年36岁。

我愿为共产主义牺牲

1935年初，由红十军团组成的北上抗日先遣支队在江西怀玉山遭到国民党军的分割包围。红军指战员不畏强暴，浴血奋战，终因寡不敌众，弹尽粮绝，除少数人员突出重围转移外，大部分将士壮烈牺牲。红十军团领导人方志敏、刘畴西被俘，19师师长寻淮洲牺牲，21师师长胡天桃身负重伤被俘。

胡天桃没有准确年龄，没有出生地，没有家人，是孤儿参加革命。战斗中，他机智勇敢，舍生忘死，屡立战功，迅速成长为红军的师长。

胡天桃被俘时，上身穿着三件补了很多补丁的单衣，下身穿着两条破烂不堪的裤子，脚上穿着两只不同颜色的草鞋，背着一个十分破旧的干粮袋，袋里装着一个破瓷碗。

据当时负责审讯的国民党军队的旅长王耀武后来回忆说，他第一次见到胡天桃，就被惊呆了。时值严冬，天寒地冻，若不是被别人指认出来，绝对不相信面前这个人就是多次交手的红军师长胡天桃。

审讯时，王耀武对胡天桃说：蒋委员长对你们实行宽大及感化教育，只要你们觉悟，一样得到重用。

胡天桃说："我认为只有革命，坚决打倒帝国主义、封建主义及军阀，中国才有办法。"

王耀武问道："我们也希望国家好，也反对帝国主义的侵略。你说国民党勾结帝国主义，有什么根据？"

胡天桃回答："国民党掌握着军队不抗日，却来打内战，还请帝国主义军官当顾问，这不是勾结帝国主义是什么？"

王耀武又说："共产主义不适合国情，你们硬要在中国实行，这样必然会失败的。"

胡天桃坚定地回答："没有剥削压迫的社会，才是最好的社会，我愿为共产主义牺牲。"

王耀武问："你知道方志敏现在什么地点？方志敏对未突入封锁线的部队有什么指示？"

胡天桃回答："不知道。"

王耀武接着又问："你家在哪里，家里还有什么人？告诉我们，可以保护你的眷属。"

胡天桃说："我没有家，没有人，不要保护。"

后来，胡天桃被押送到王耀武的上司俞济时那里。俞济时说："你是红军的高级人员，不会不知道红十军团的情况吧。"胡天桃答："我不知道，你把我枪毙了吧。"

国民党军在审讯毫无收获后，把胡天桃枪杀了。

1959年新中国成立10周年前夕，王耀武作为首批特赦战犯被释放，仍然清清楚楚地记得25年前与胡天桃的那次谈话。胡天桃在审讯中表现出来的崇高理想和坚定信念，震撼了王耀武整整几十年。

打出一个生孩子的时间来

董振堂曾是国民党第26路军第73旅旅长。九一八事变发生后，驻在江西宁都的国民党第26路军官兵们义愤填膺，纷纷要求北上抗日，但遭到蒋介石的拒绝。

董振堂在红色政权掌控的宁都县城苦苦困守了好几个月，每天听到的、看到的、面对的，都是红军强有力的宣传鼓动和区别于国民党反动派的革命活动。董振堂明白了，终于找到了方向，看到了中国的希望。1931年12月14日，董振堂率部在宁都起义，加入了红军革命队伍。

1932年，董振堂光荣地加入了中国共产党。为表示自己忠贞坚定的革命信念，他把自己积攒的2000多块银圆全都交了党费。随后，他率部参加了第四次、第五次反"围剿"等战役。

1934年10月，艰苦卓绝的长征开始了，全军长征后卫的重要任务交给了董振堂。他率领自己的部属三过草地，多次完成阻击任务。

一天，董振堂指挥部队阻击国民党追兵。邓发的妻子陈慧清突然要生孩子。敌人越来越多，阻击战打得异常激烈。眼看就要顶不住了，董振堂拎着枪冲过来急切地问：

"生孩子还需要多长时间？"而此时，陈慧清难产痛得满地打滚，身边没有医护人员，只有几个红军小战士，没有人能回答出准确时间。

董振堂扭头返回阵地，高声对大家说："我们无论如何要顶住，一定要打出一个生孩子的时间来！"就这样，战士们死守了几个小时，硬是等陈慧清把孩子生了下来。战斗结束后，一些战士经过产妇陈慧清身边时，怒目而视，因为掩护她生孩子，牺牲了很多战友。见此情景，董振堂大声喝道："你们瞪什么瞪？我们流血牺牲不就是为了这些孩子吗？！"

红军胜利会师后，董振堂率领的第5军团改为第5军。1936年10月，董振堂奉命率领所属部队西渡黄河，执行宁夏战役计划。面对近十倍于己的敌人，董振堂率部昼夜血战，打退了敌军无数次的猛烈攻击。在战斗中，董振堂带领全体官兵向党庄严宣誓："我们要流尽最后一滴血，战斗到底！"1937年1月20日，在敌军强大的炮火攻击下，第五军主力两个团、骑兵团以及总部特务团3000余人全部牺牲。董振堂双手持枪，带领警卫员跳下城墙与敌人苦战，战至弹尽，壮烈牺牲。

当听到董振堂牺牲的噩耗，广大红军将士悲痛不已。在延安，中共中央为董振堂举行了隆重的追悼会，毛泽东主席动情地说，"路遥知马力"，董振堂是"坚决革命的同志"。

为信仰奋斗到底

"追求真理，救国救民"是刘志丹一生的夙愿。刘志丹在青少年时期，就对除暴安良的英雄人物十分崇敬。特别是五四运动后，他在新文化、新思想的影响下，崇尚科学民主，反对封建压迫。他生长在贫瘠落后的陕北，目睹了民不聊生、饿殍遍野的凄惨景象，对旧中国的黑暗状况十分不满，立志救国救民，决心从根本上改变这个不平等的社会。

1922年，刘志丹考入榆林中学，在共产党员魏野畴、李子洲等老师的教育指导下，接受了马克思主义，认识到只有社会主义才能救中国。1924年冬，他毅然加入了中国社会主义青年团，第二年转入中国共产党，成为一名坚定的共产主义者，决心"为自己的信仰奋斗到底"。

1926年初，刘志丹按照中共陕西党组织的决定，投笔从戎，考入广州黄埔陆军军官学校。四一二反革命政变后，他对大革命失败的教训、对党内右倾机会主义的严重危害进行深刻反思，深深领悟到中国共产党独立掌握军队和领导武装斗争的极端重要性。他说："我们没有枪杆子，只靠笔杆子不行。结果人家一翻脸，我们就只有滚蛋。"

从此，他更加坚信毛泽东提出的"枪杆子里面出政权"的著名论断，为创建我党独立领导的革命武装进行了艰苦卓绝的斗争。

1933年5月，红26军南下，在蓝田几乎全军覆灭，刘志丹带领剩下的十余人，在深山老林中转了两个月。突围时多数人牺牲，他一个人脱险后也从一个高崖摔落，身负重伤。在几天无食物又无法行走的垂危关头，幸亏遇到一个失散的战士，才把他扶下山。在地下党的照料下，他伤未痊愈便要返回陕北。一路上，他化装成货郎，在挑子的上层放货，下层放驳壳枪。回到陕北后，他靠几支驳壳枪再次打开局面。

1936年春，刘志丹率红28军参加东征战役。出征前，刘志丹对妻子同桂荣说："我这次上前线，是再次为我的信念而奋斗，又一次表白我对国家、对人民、对党的忠诚，为救国救民我可以献出一切。"即将走上东征战场的刘志丹，一身戎装，目光含笑，威武从容，对革命胜利充满了信心。

刘志丹率军攻打山西省中阳县三交镇时，为了打好这一仗，他昼夜不眠，亲临前沿阵地观察地形，仔细研究敌情，指挥战士们向敌人发起了一次又一次的冲锋。战斗打得艰难而激烈。下午时分，在即将攻破最后一个碉堡时，不幸的事情发生了。一颗子穿过了刘志丹的左胸，伤到了心脏。这位钢铁一般的战士，当即倒了下去，鲜血浸透了他的灰布军衣，染红了他身下的黄土地。

刘志丹牺牲时，年仅33岁。后来，毛泽东为他题碑："群众领袖，民族英雄。"周恩来为他题词："上下五千年，英雄万万千；人民的英雄，要数刘志丹。"

笑看旌旗红似花

誓志为国不为家，涉江渡海走天涯。

男儿岂是全都好，女子缘何分外差？

一世忠贞兴故国，满腔热血沃中华。

白山黑水除敌寇，笑看旌旗红似花！

这首慷慨激昂、不让须眉的《滨江抒怀》，就是抗日女英雄赵一曼所作。

1905年10月，赵一曼出生于四川省宜宾县北部白花镇一个封建地主家庭。五四运动爆发后，马列主义在中国广泛传播。赵一曼的大姐夫郑佑之是个革命青年，在他的引导下，赵一曼开阔了眼界，萌发了新的认知。1926年，赵一曼加入共产党，九一八事变后被调往东北，领导工人运动，任哈尔滨工会代理书记。1934年春天，赵一曼奉命建立了游击队，配合主力部队抗击日军，第二年兼任了人民革命军1师2团政委。

1935年11月，赵一曼为掩护部队，腿部负伤后被俘。日本鬼子为从赵一曼口中获取有价值的情报，在审讯中动用了惨无人道的酷刑。

日本宪兵用铁条刺她腿上的伤口，用烙铁烙她的皮肉，还往她的嘴和鼻子里灌汽油，甚至用了残酷的电刑……然而，赵一曼始终坚贞不屈，她早已做好了决死的准备。不管敌人如何凶残，使用什么样的卑鄙手段，她都坚决不吐露半点党的秘密。她大声斥责日本帝国主义的罪恶行径，坚定地说："我的目的，我的主义，我的信念，就是反满抗日。"

1935年12月，因赵一曼的身体状况极度恶化，日本鬼子将她送到医院监视治疗。其间，赵一曼对看守和护士进行了爱国教育，二人决定帮助赵一曼逃离。1936年6月，赵一曼成功逃离医院，两天后被日本鬼子追上，再次被捕。日本鬼子见实在无法撬开赵一曼的嘴，决定将她处死。

1936年8月2日，赵一曼被押上了去珠河的火车。她知道最后的时刻到了，内心却非常平静。她想起了远在异乡的儿子。在押解的途中，她为年幼的儿子写下了饱含深情的遗书：

宁儿：

母亲对于你没有能尽到教育的责任，实在是遗憾的事情。母亲因为坚决地做了反满抗日的斗争，今天已经到了牺牲的前夕了。母亲和你在生前是永久没有再见的机会了。希望你，宁儿啊！赶快成人，来安慰你地下的母亲！我最亲爱的孩子啊！母亲不用千言万语来教育你，就用实行来教育你。在你长大成人之后，希望不要忘记你的母亲是为国而牺牲的！

一九三六年八月二日

你的母亲赵一曼于车中

到了珠河，敌人把赵一曼放到一辆马车上"游街"。为了鼓舞人民的抗日信心，她激昂地唱起了《红旗歌》。在小北门外刑场上，赵一曼奋力高呼"打倒日本帝国主义！""中国共产党万岁！"慷慨就义，年仅31岁。

牡丹江岸烈女标芳

　　1938年夏天，日本关东军纠集伪蒙、伪满军在松花江下游展开了"三江大讨伐"。东北抗联第4、5军为摆脱困境决定向西转移，遭到日军多次围追堵截，伤亡很大。

　　10月，抗日联军第5军第1师的一支百余人的队伍被乌斯浑河挡住了去路，队伍中有第5军妇女团的8名女战士，她们是：冷云、胡秀芝、杨贵珍、郭桂琴、黄桂清、李凤善、王惠民、安顺福。抗联战士们发现日军围了上来，急忙向外冲。冷云比较冷静，命令7名女战士就地卧倒，敌人没有发现她们，只顾向大部队逼近。

　　此时情况十分危急，在此生死关头，冷云果断地组织女战士从背后袭击敌人，吸引日军火力，掩护大部队突围。敌人一下子慌了神，以为中了埋伏，慌忙抽出一部分兵力向她们还击，大部队乘机突出了日军的包围圈。女兵们冲大部队齐声高喊——"快往外冲啊！保住手中枪，抗战到底！"

　　日军得知突袭他们的只有8名女兵时，顿时猖狂起来，边打边叫："乖乖投降吧！皇军不会亏待妇女！"当大部队发现还有8名女战士没有冲出日军的包围时，多次组织部队回来营救，都因日军火力强大未能成功。

在背水作战、弹尽粮绝的情况下，8名女战士大义凛然，宁死不屈。冷云坚定地对大家说："同志们，我们是共产党员、抗联战士，宁死也不做俘虏！为祖国的解放而战死，是我们最大的光荣！"

她们投出了最后一颗手榴弹，趁敌人卧倒的时机，毁掉枪支，高唱着《国际歌》"满腔的热血已经沸腾，要为真理而斗争……"，手挽手走进了冰冷的乌斯浑河，壮烈殉国。

牺牲时，她们中年龄最大的冷云23岁，最小的王惠民才13岁。

东北抗联第2路军总指挥周保中得知"八女投江"的壮举后，当即题写了"乌斯河畔牡丹江岸，将来应有烈女标芳"。

新中国成立后，以"八女投江"为题材拍摄了电影《中华女儿》，女英雄们的高尚气节时刻激励着千千万万的中国人。

一门九英烈

  抗日战争胜利后，当时的山东省益寿县人民政府以"益寿县全体人民"的名义，赠给抗日英雄刘旭东的后人一面锦旗，上书"群英齐荣"四个大字。

  刘旭东出生在一个中医世家。他自幼好学，聪慧伶俐，从师范讲习所毕业后，边教书边跟父亲习医。

  日军侵占益都县城后，烧杀抢掠、无恶不作。刘旭东为国家的前途、人民的命运心急如焚。一天深夜，潜居于邻近东朱鹿村的共产党员胡维鲁因得急性肠胃炎，求刘旭东医治，刘旭东药到病除。两个人志同道合，结为好友。在胡维鲁的引导下，刘旭东在段村一带组织起抗日救亡团，光荣地加入了中国共产党。

  为筹集抗日和党的活动经费，刘旭东不惜卖掉自家药铺。同时，他建立了段村第一个党支部，担任支部书记。在他的影响下，他的兄弟刘观亭、刘芝亭，儿子刘汉萧、儿媳王秀英，侄子刘汉玉、刘汉鼎、刘汉儒，侄女刘兰英以及段村的一大批村民先后加入了中国共产党，成了益北抗日力量中的一支生力军。

  当时，我党在益北地区开辟抗日根据地，刘旭东担任区委书记，创建了益北第一个抗日民主政权。在他的努力下，不到一年时间，益北地区每个村都建立了党支部。他十分关心抗日武装力量的壮大，动员党员干部、青壮年参加抗日游击队，仅段村就有30多人参加八路军。

1939年，斗争形势日趋紧张，日寇不断"扫荡"抗日根据地，妄图消灭抗日武装。我党为了保存力量，决定转移主力部队和党政干部，留下刘旭东等同志隐蔽活动，坚持领导抗日斗争。

由于汉奸告密，已是益寿县委组织部部长的刘旭东在寿五区八户村开会时，不幸被捕。日本鬼子和汉奸把抓捕的抗日革命同志和群众，全部押到村口。刘旭东被打得鲜血淋漓，但却昂首挺胸走在被押队伍前面。

汉奸徐振中曾是刘旭东的学生。他向日寇熊谷曹长耳语了几句后，走到刘旭东面前，假惺惺地叫了声老师。当即，刘旭东怒目而斥："你这个狗汉奸，民族的败类，谁是你的老师！我早晚要看到你们这些畜生的灭亡！"徐振中立即露出了凶残的嘴脸，命令汉奸将刘旭东绑在路边的老槐树上，残忍地挖掉了他的双眼。刘旭东满脸是血，鲜血从棉袄内流到地下，惨不忍睹。但刘旭东始终骂声不绝，敌人又割去了他的舌头，然后将其活活砍死。

在刘旭东的教育和影响下，他全家先后有21人投身抗日战争，9位亲人献出了生命，成为当时清河地区有名的革命家庭。

刘旭东的侄女刘兰英，1941年被党组织派到垦利县做妇救会工作。一天晚饭后，刘兰英在转移时被汉奸抓捕。汉奸为了得到八路军的秘密，对她进行了严刑拷打。刘兰英悍不畏死，决心不透露半点消息。无奈之下，汉奸惨无人道地用绳子拴起刘兰英的两条腿，在荆条地里来回拖。刘兰英至死没吭一声。

革命成功后，中共中央华东局、华东军区为表彰刘兰英的功绩，授予她"模范共产党员""英雄烈士"称号。

狼牙山五壮士

"视死如归本革命军人应有精神，宁死不屈乃燕赵英雄光荣传统。"这是当年晋察冀军区司令员兼政治委员聂荣臻为狼牙山五壮士纪念塔题的词。以共产党员、班长马宝玉为首的八路军5位英雄，用生命和鲜血谱写出一首气壮山河的壮丽诗篇。

1941年秋，日寇集中兵力，向我晋察冀根据地大举进犯。当时，7连奉命在狼牙山一带坚持游击战争。经过一个多月英勇奋战，7连决定向龙王庙转移，把掩护群众和连队转移的任务交给了6班。

破晓，敌人开始进攻，6班在班长马宝玉的带领下，沉着应战，凭借险要的地势，同敌人展开斗智斗勇的决战。他们先在敌人进攻的必经之地埋设大量地雷，等敌人走近雷区后把地雷拉响，敌人被炸得血肉模糊。敌人整理队伍，再次进攻时，6班战士一起射击，手榴弹也接二连三飞进敌群，敌人一批批倒下。敌人一时搞不清山上究竟有多少八路军，以为是碰上了主力，便下令炮轰。马宝玉等5名战士在敌人打炮时隐蔽起来，炮火一过，他们又用枪弹、手榴弹袭击敌人。就这样，500多日伪军被5名八路军战士死死地拖住了后腿。

中午，按计划大部队已转移完毕。马宝玉便大声说："我们任务完成了，撤！"刚走不远，面前就出现了一个三岔路口，摆在战士们面前的有两条路：北去，是主力部队和群众转移的方向，他们可以很快归队，可敌人正尾随其后，肯定会追上来，那无疑将前功尽弃，并使主力部队和群众处于危险境地；南走，是东山口，进东山口翻过小横岭，沿着一条曲折的小道直通顶峰——棋盘陀，而棋盘陀作为狼牙山的顶峰，三面绝壁，丝毫没有退路，5名战士很清楚走这一条路意味着什么。

为了拖住并吸引敌人，5名战士坚定地朝南路走去，把敌人引向悬崖绝路。当他们退到棋盘陀顶峰时，子弹已经全部打光，他们就举起石块向日伪军砸去。日伪军发现他们已经没有子弹了，蜂拥着向山顶冲来，并叫喊："捉活的，捉活的！"

马宝玉、葛振林、宋学义、胡德林、胡福才5位壮士屹立在狼牙山顶峰，眺望着群众和部队主力远去的方向。他们回头望望还在向上爬的敌人，脸上露出胜利的喜悦。班长马宝玉神情庄严地说："同志们，我们都是有骨气的中国人，宁死不投降！为祖国、为人民牺牲是光荣的！"说罢，他砸碎了手中的枪，像每次发起冲锋一样，第一个纵身跳下悬崖。战士们也昂首挺胸，相继从悬崖跃下。他们的壮举，展现了崇高的爱国主义精神和坚贞不屈的民族气节，被人民誉为"狼牙山五壮士"。

革命伴侣血洒大青山

1941年11月30日凌晨，陈明率山东省战工会（即"山东省战时工作推行委员会"）机关与山东分局、115师等机关人员向费县境内的大青山地区转移。当队伍突遭三面包围时，陈明马上把山东分局、战工会和抗敌协会的警卫分队集合起来，迅速占领附近高地，掩护队伍向望海楼方向突围。

突围中，陈明双腿负伤，4名随行人员有3人牺牲，只剩下19岁的警卫员小吴。他对小吴说："我跑不动了，你赶快跑，多活一个是一个。"小吴坚决不从，要背陈明一起走。陈明严厉命令他："这是战场，你要服从命令！"小吴刚离开，敌人就围住了陈明。等鬼子逼近时，他突然对敌人连开3枪，打死3个鬼子，剩下的最后1颗子弹，对准了自己的头颅……

陈明对爱人辛锐的疼爱在山东党政机关人尽皆知。当年他因为十分欣赏《大众日报》上辛锐设计的报头，所以与这位端庄美丽的名门才女结为革命伴侣。

当陈明把枪对准自己的头部准备牺牲的那一刻，同在战场上的辛锐双腿也被鬼子打断，腹部中了一弹。

太阳落山时，日寇收兵了。卫生二所所长刘御立即组织医务人员回到大青山，将伤者背到蒙山的庙里进行治疗。辛锐被诊断为大腿部枪伤骨折。

当夜，辛锐被抬到山东纵队野战医院第二医疗所驻地——火红峪村。在村民聂凤立和聂凤举兄弟俩的提议下，医护人员给辛锐找了个矮而宽阔、进出口小的山洞藏身。洞的地面高洼不平，医生用干草铺好，辛锐强忍着疼痛躺在里面。

16天后，一股撤退的鬼子路过这里，包围了火红峪村。二所的韩波和另一个男同志与老聂兄弟俩急忙抬着辛锐往外突围。但敌人追上来了，机枪响个不停。辛锐说："你们放下我。"抬辛锐的人说："不行，我们的任务就是把你转移出去。"鬼子边追边喊："抓活的！抓活的！"辛锐着急地说："现在不可能了。你们放下我，咱能活下一个就活一个。"韩波抓住辛锐死死不放手，但辛锐自己坚持从担架上滚了下来。危急时刻，韩波只好将身上的三颗手榴弹给辛锐留下，把辛锐放在两块大石头之间后，翻过一个小山包撤退了。

辛锐把手榴弹掖在胸前，用棉被裹着前胸，背靠着大石头庄严地坐在地上。鬼子叫喊着"女八路"冲了上来，辛锐扔出一颗手榴弹，炸死几个鬼子。鬼子又冲了上来，辛锐再次扔出一颗手榴弹。鬼子开枪射击，一颗子弹射中了辛锐。当围上来的鬼子用力拉开辛锐的被子时，只听一声巨响，第三颗手榴弹在鬼子中间炸开了。

辛锐追随丈夫陈明而去，他们的鲜血染红了大青山，年轻的生命永远留在了大青山！

此心不可动，此志不可移

何功伟1915年生于湖北咸宁，抗战爆发后，先后担任中共湖北省委委员、鄂西特委书记。皖南事变后，国民党反动派对鄂西地区进行了疯狂的搜捕，大批党员和抗日进步人士被捕入狱。1941年1月20日，由于叛徒出卖，何功伟不幸被捕。

听说抓到了何功伟，国民党高层高兴坏了。当时的国民党湖北省主席陈诚亲自电令：要好好对待何功伟，如果能诱降成功，湖北将除一大敌。

于是，特务们软硬兼施，刚开始以死亡威胁，何功伟以冷笑对之；随后以高官厚禄引诱，遭到何功伟怒斥；最后又搬出当地名士、社会名流，结果不但没说服何功伟，反而被何功伟驳得哑口无言。

何功伟经受住了严刑拷打，挫败了敌人的"劝降"伎俩和"感化"阴谋，严词拒绝了敌人高官厚禄、出国留学等所谓"自首"条件。他赋诗填词，谱写了《狱中歌声》："我热血似潮水的奔腾，心志似铁石的坚贞。我只要一息尚存，誓为保卫真理而抗争……"他还诵《正气歌》、咏《满江红》，以此作为鼓舞战友同敌人斗争的武器。

最后，陈诚想到了何功伟的父亲何楚瑛，电令将老人家接来，希望他以养育之恩来感化何功伟。

何楚瑛救子心切，匆忙赶到监狱，对儿子进行"劝导"。可怜的父亲多次给儿子跪下，希望他能回头，哪怕只是回老家当个教书先生。

一边是生养自己的老父亲，一边是自己毕生追求的革命信仰，该如何选择？何功伟没有想太多，提笔给父亲写了一封千言家书："儿献身真理，早具决心，苟义之所在，纵刀锯斧钺加诸颈项，父母兄弟环泣于身前。此心亦万不可动，此志亦万不可移。儿决心牺牲个人，以利社会国家，粉身碎骨，此志不渝。"

1941年11月17日，何功伟被国民党特务押往刑场。

到刑场的路上，有一条100级的石板路，刽子手告诉他："你上一级，我问你一次'回不回头'，你若回头，就免于一死，你若走完台阶还不回头，就只能枪毙了。"

可以说，这100级石板路，就是100个活命的机会，只要答应一声，就可以活命。

果然，何功伟每走一步，刽子手都问一句"回不回头"，100级石板路，问了100次，但何功伟自始至终没有开口，直到走完了100级石板路。

这样坚定的革命意志，连刽子手都被感动了，等何功伟走完100级石板路的时候，刽子手不由自主地上去扶住了他。

就这样，何功伟义无反顾，昂首向前，唱着《国际歌》慷慨就义，年仅26岁。

棉絮果腹惊敌手

　　九一八事变后，在东北大地上燃起了民族自卫的烽火，东北义勇军纷纷兴起，后来发展成东北抗日联军。杨靖宇领导的第1军，是东北抗联的主力部队，与日寇血战于白山黑水之间，令日寇闻风丧胆。

　　日军接连遭到打击后，对杨靖宇又恨又怕，急忙调兵遣将，对抗联第1路军围追堵截。1940年，由于叛徒出卖，杨靖宇的部队被4万日军包围在一个叫"三道崴子"的地方。杨靖宇决定将主力转移，自己带一支小部队留下来牵制敌人。天黑时，主力部队安全转移出去了，杨靖宇打退了日军多次进攻，身边只剩下五六十人了，其中还有一部分伤员。伤员转移后，杨靖宇带领两名战士与日军继续周旋。

　　连续战斗了3天3夜，杨靖宇3人饥寒难耐。他把两个小战士安顿好，让他们休息一会儿，打算自己去屯子里找点吃的。他勒了勒皮带，一步一步艰难地向屯子走去，几次栽倒在地，便把棉衣里的棉花撕下来，就着雪吃了下去。

　　杨靖宇在极度严寒中与敌人周旋5个昼夜，最终陷入绝境。在这过程中，日军曾派叛徒向他劝降，他回答说："老乡，我们中国人都投降了，还有中国吗？"

劝降不成，日军四面围攻上来。杨靖宇毫无惧色，双手使枪，向日军射击，最后身中4弹，壮烈牺牲，时年35岁。

杨靖宇将军牺牲后，日军非常奇怪，为什么中国军人能够在没有补给的情况下支撑那么久。为了解惑，日本军医解剖了他的尸体，发现胃里只有草根和棉絮，没有一点粮食，在场的日本人无不受到莫大震撼。日军头目岸谷隆一郎后来在遗书中写道："天皇陛下发动这次侵华战争或许是不合适的。中国拥有杨靖宇这样的铁血军人，一定不会亡。"

抗日战争胜利后，为纪念这位抗日民族英雄，1946年，东北民主联军通化支队改名为杨靖宇支队，吉林省濛江县改名为靖宇县。

胶东乳娘

1942年，胶东抗战进入最艰难的时刻，许多指战员和党政干部不得不抛下刚出生的孩子，轻装上阵。是年7月，中共胶东区委在牟海县（今乳山市）组建胶东育儿所，300多名乳娘和保育员在血雨腥风和枪林弹雨中书写了一段人间大爱。

1942年9月，东凤凰崖村姜明真从育儿所接回刚满月的八路军子女福星，为了让福星吃饱，她只好给自己刚满8个月的孩子断了奶。两个月后，鬼子来根据地"扫荡"，姜明真和婆婆带着福星和自己的孩子藏在山洞里，两个孩子在一起，她只要喂一个，另一个见了就不停哭闹。

为了避免因孩子的哭声暴露目标，姜明真一狠心，把自己的儿子放到了另一个无人的山洞里。刚返身回来，敌机就开始轰炸，她紧紧地把福星搂在怀里，耳朵里清晰地听到自己孩子撕心裂肺的哭声。婆婆急得要冲过去看看，她忍痛劝阻婆婆说："娘，千万别出去，要是被搜山的鬼子发现了，福星的命就难保了。"

鬼子撤走后，婆婆跑过去扒开被敌机炸塌的洞口，只见孙子在山洞里乱爬，手脚被石头磨得鲜血淋漓，嘴上沾满了泥土和鲜血，不停地咳嗽。回家不几天，惊吓过度的孩子就夭折了。

那几年，姜明真先后收养了4个八路军子女，没有一个伤亡。而她自己的6个孩子中，因战乱、饥荒和疏于照顾夭折了4个。

与姜明真同村的肖国英第二个孩子出生不久就夭折了，妇救会主任将刚出生12天的八路军孩子远落送到她手里。由于生活贫困，肖国英奶水很少。为了有足够的奶水哺育远落，一家人将不多的口粮大都给了肖国英，其他人勉强度日。有一次，女儿饿得直嚷嚷："妈，我饿，我快饿死了，给我吃一口干粮吧，就一口。"肖国英看着仅剩的那点口粮，再看看瘦弱的小远落，没舍得让女儿吃一口，转过身去假装不理女儿，眼泪却止不住地往下流。

肖国英说："八路军帮大伙打鬼子，把孩子交给俺是信得过俺，待孩子必须比自己的更金贵。"

李秀珍是吕剧《乳娘》女主角的原型，育儿所第一个孩子"东海"就是她哺育的。

东海刚来时身体虚弱，坐都坐不稳。李秀珍非常心疼，在她的精心照顾下，东海被喂养得白白胖胖，还能开口喊"妈妈"，让李秀珍倍感幸福。

在反"扫荡"的日子里，她把孩子整夜抱在怀里，一刻也不让孩子离开自己。每当听到日寇飞机的呼啸声，李秀珍就抱起东海往山上撤。飞机投下了炸弹，李秀珍赶紧将身体弯成拱形，把小东海牢牢抱在怀中，用胳膊肘着地向前卧倒。

最后一滴奶留给乳儿、最后一口粮留给乳儿、最后一丝生机留给乳儿……胶东乳娘用超越人伦的无私大爱，确保了1 223名革命后代无一伤亡。

刘氏婴儿

　　1942年冬，日寇的铁蹄踏上山东滨州大地，所到之处烧杀抢掠，无恶不作。

　　渤海区何坊乡有一位叫刘玉梅的大娘，上过几天私塾，思想比较进步，在地下党组织的培养下，积极参与抗日活动。她的家地处村头，后靠岭、前临河，是较为便利的地下党组织联络点。她白天给八路军送情报、当联络员，夜晚组织村里的妇女摊煎饼、纳布鞋、筹军粮。有时候，组织上把一些伤病员安置在她家后面的堰屋里，她和家人宁可吃糠咽菜，也要节省下粮食让伤病员吃。在她和家人精心照顾下，伤病员全部伤愈归队。

　　刘玉梅的抗日行动，引起了当地汉奸的觉察。

　　1943年小暑节气刚过，刘玉梅的儿媳生了孩子。第二天，一对八路军夫妇便找上门来，说是急着行军打仗，要把刚出生7天的孩子托付给刘大娘一家。刘玉梅毫不犹豫地答应下来。为掩人耳目，她对外谎称儿媳妇生了双胞胎。但由于村里的汉奸告密，第三天，日本鬼子便杀气腾腾地找上门来，逼迫刘大娘交出八路军的孩子，并扬言不交出八路军的孩子，就把两个孩子都杀掉。一边是八路军的孩子，一边是自家的亲骨肉，面对凶残的鬼子，刘大娘和家人的心里简直比剜自己的肉还痛。为了保住革命后代，为了抗日大业，刘大娘和家人强忍悲痛，咬着牙给鬼子抱出了出生才三天的亲骨肉。就在刘玉梅家的院子里，穷凶极恶的鬼子将这个来到世间刚刚三天的婴儿残忍地杀害了！

为了保护八路军的孩子，刘大娘一直没有对外说出真相。村里的人以为被鬼子残害的是八路军的孩子，都对刘玉梅一家报以白眼、轻视，甚至是谩骂。刘大娘一家只有忍辱负重，直到抗战胜利，才向党组织和乡亲们说出了事情的真相。

新中国成立后，出生三天就殉国的刘氏婴儿，被安葬进烈士陵园，成了共和国最小的烈士。

八十二烈士浴血刘老庄

　　1943年春，盘踞在淮海地区的日军向我苏北抗日根据地展开大规模"扫荡"。3月17日，日伪军纠集1 000余人，分兵11路合围驻六塘河北岸的淮海区领导机关。上级决定以一个连的兵力，在刘老庄一线展开阻击，掩护根据地领导机关和驻地群众转移。这一光荣而艰巨的任务，交给了新四军第3师7旅19团4连。

　　18日拂晓，1 000多个日伪军追踪而来。连长白思才、指导员李云鹏率全连迅速进入交通沟，当敌人进入4连伏击圈时，全连火力一齐开火，敌人丢下几十具尸体，四散逃窜。

　　敌人受挫后，立即组织力量从四面八方向刘老庄迂回集结，形成合围态势。

　　上午，敌人接连发起两次进攻，都被4连猛烈的火力打了回去。中午，4连的弹药已经所剩无几。4连党支部决定：为完成掩护撤退任务，放弃突围求生的机会，血战到底！

　　狡猾的敌人见进攻无效，就集中所有火力向4连阵地进行毁灭性炮击，数百米长的交通沟转眼间被夷为平地。

4连人员伤亡过半，连长白思才被弹片炸伤，一只手动弹不得，指导员李云鹏也负了伤。但4连勇士们凭着钢铁般的意志，牢牢坚守在阵地上。

傍晚时分，连长白思才、指导员李云鹏组织全连剩下的20多人，掩埋好烈士遗体，烧毁地图文件，砸坏多余枪支，准备与敌人同归于尽。连部通信员在火线入党申请书中写道："在党最需要的时候，我将把自己的生命献给党和人民，决不给我们党丢脸，决不给中华民族丢脸！"

最后时刻，当近千名日伪军冲至沟前时，白思才、李云鹏突然跃出，高喊："同志们，杀！""考验我们的时候到了，和敌人拼了！"4连勇士们端起刺刀，和敌人展开殊死肉搏。刺刀捅弯了就用枪托砸，枪托砸碎了就用小锹砍，小锹砍断了就用牙齿咬……终因敌我力量悬殊，4连官兵全部壮烈殉国。

在刘老庄战斗中，全连82名官兵连续作战12小时，打退敌人5次进攻，毙伤日伪军370余人。

八路军总司令朱德在《八路军新四军的英雄主义》一文中，高度评价刘老庄战斗"是我军指战员的英雄主义的最高表现"。新四军代军长陈毅盛赞82烈士浴血刘老庄是"惊天地而泣鬼神的壮举"。

为继承烈士遗志，新四军第7旅旅部决定重建4连，并命名为"刘老庄连"。

中国的希望在延安

1940年春，旅居新加坡的爱国侨领陈嘉庚，率团回到祖国慰问抗日军民，第一站是战时首都重庆。蒋介石十分重视，下令不惜一切做好接待工作，务必让客人满意。

抗战开始后，作为"南洋华侨总会"主席的陈嘉庚，带领广大侨胞向国内捐钱捐物，还在新加坡和重庆开办制药厂，挽救了许多抗日将士的生命。

按照蒋介石的指示，国民政府成立了阵容庞大的欢迎委员会。在财政极其拮据的情况下，列支了充足的接待资金，其中光宴请费用就高达8万元。

陈嘉庚在重庆的60多天里，每天被迫在各种宴会中奔走，国民党的高级干部无不以陪陈嘉庚吃饭为荣。但不管什么山珍海味，陈嘉庚一口也咽不下去，他失望地说："前方吃紧、后方紧吃。"特别是当他看到行政院长孔祥熙在办企业、政府派来为自己服务的司机虚开汽油费发票时，内心极为反感和痛苦。

无奈，陈嘉庚连续三天在国民党的机关报上刊登罢宴声明："在此抗战中艰难困苦时期，望政府及民众实践节约，切勿消耗物力！"

随后，陈嘉庚不顾蒋介石的阻挠，毅然奔赴延安慰问。

1940年6月1日晚，毛泽东在自己居住的窑洞外设宴款待陈嘉庚。没有地毯、鲜花、美酒、刀叉，不拘礼仪，而且是露天的。餐桌更特别，一个旧圆桌放在破旧的小方桌上。桌面坑坑洼洼，铺了几张旧报纸以代替桌巾。就在宾主相谈甚欢的时候，一阵风把报纸吹得老远，也没人去追。吃的是毛泽东自家菜园子里种的西红柿、豆角，唯一的荤菜就是一只鸡。

毛泽东解释说："我没有钱买鸡，这只鸡是邻居大娘知道我有远客，特地送来的。母鸡正下蛋，她儿子生病还舍不得杀呀！"

陈嘉庚听后大受震动。这个山沟里的共产党的质朴廉洁，军民关系水乳交融，还有上上下下饱满向上的精神状态，跟重庆的腐朽堕落截然不同，让他眼前一亮。

这天晚上，陈嘉庚悄悄对秘书张楚琨感慨，蒋介石像皇帝，毛泽东像农民，"得天下者，共产党也！"

一回到重庆，陈嘉庚马上召开记者会，直截了当地告诉全国人民："延安让我如拨云雾见青天，中国的希望在延安，为我大中华民族庆幸！"从此，陈嘉庚与国民党分道扬镳，南洋华侨的捐献源源不绝地流向中共领导下的抗日根据地。

有了党，我就有了母亲

1929年，解文卿出生于山东省莱西县义谭店村的一户贫苦农民家庭，幼年时父母相继早逝。

1945年秋，解文卿的家乡解放了，她牢记党的恩情，响应党的号召，积极发动和组织全村妇女参加"识字班"，带领妇女拥军支前，16岁时被选为村青妇队长。

在解放高密城的战斗中，解文卿带领青妇队员组成女子担架队，连夜转运伤员。在解放平度、掖县的战斗中，她们冒着倾盆大雨，往返数十里地，连续多次接送伤员。胶东军区为表彰她的模范行动，特授予她"支前模范"锦旗一面，并给她记二等功。

1947年2月，18岁的解文卿加入了中国共产党，站在毛主席像前，她激动得热泪滚滚："我这个从小受苦的穷孩子，想不到能有今天，能在人前站起来，能站在毛主席的队伍里……有了党，我就有了母亲。"

入党后不久，她就担任了村妇救会长。在土改运动中，解文卿站在了斗争的最前沿，但在分发土改运动胜利果实的时候，她却一心只为群众谋利，没有为自己多分一厘钱、一寸布、一分地。村里的人都说："文卿斗争打先锋，待遇在后头。"

在开展工作中，解文卿机智勇敢、临危不惧，她在担任妇救会长期间，还曾组织平息了恶霸地主的一次反攻倒算，解救了大批同志。

1947年还乡团卷土重来，党组织命令她迅速转移，可她牵挂着村上的工作，惦念着前线可能转来的伤病员，担心着正在转移的群众，毅然要求把自己留下。她说："越是到紧要关头，越是需要和群众在一起，在艰苦的环境中经受考验。"她配合汽车大队的同志掩藏一大批来不及转移的军用物资，掩护大部分群众转移之后，才离开村子隐蔽起来。

还乡团回村后，开始疯狂地反攻倒算，杀害了一批干部和党员，并放出狠话：抓不到解文卿必将杀光全村老少。

为了不让老百姓受到迫害，解文卿不顾个人安危挺身而出，只身深入虎穴。敌人抓到解文卿后，妄想从她嘴里得到共产党员的名单。开始，狡诈的敌人利用"人情""仁义""金钱"软化她，可解文卿冷冷地说："你们休想从我嘴里得到一个字。"气急败坏的匪徒把她吊在梁上，用白蜡棍、铁条拼命抽打，逼她说出党的秘密。解文卿的手臂、双腿都被打断，全身皮开肉绽，多次昏死过去，敌人又用冷水一遍遍地将她泼醒。面对残暴的敌人，解文卿没喊一声痛、没掉一滴泪，始终一言不发。

惨无人道的敌人又砸烂了解文卿的手指和脚趾，在血肉模糊的伤口上搓咸盐，用带棱角的木棍捅到她的嘴里，她的牙齿一颗颗被别掉。解文卿满口鲜血，用尽最后力气把鲜血喷到敌人脸上，斩钉截铁地说："要杀要砍随便你们，想从我的嘴里得到一点秘密，比登天还难！你们欠下人民的血债，人民一定要你们用血来偿还！"

最终，恼羞成怒、无计可施的敌人将解文卿绑在树上，活活地将她烧死。18岁的解文卿，就这样为革命献出了宝贵的生命。

他的牺牲重如泰山

革命的成功，需要有人在敌人的残暴统治下英勇抗争，需要有人在枪林弹雨中冒死冲锋。同时，也需要有人在平凡的岗位上默默奉献。张思德就是这样一个无私的奉献者。

1915年4月，张思德出生于大巴山深处一个贫苦佃农家庭。他吃"千家饭"、穿"百家衣"长大，养母为了让他铭记乡亲们的恩情，给他取名"思德"。

1933年12月，张思德参加了红军。在部队里，他默默奉献、勤勤恳恳，从不计较个人得失。跟随红军长征到达陕北后，组织安排他到安塞县石硖谷烧木炭。

1944年9月5日一大早，天空下起了毛毛雨，地里的活儿干不成了，中央军委警卫营决定临时组织一个突击队，进山赶挖几个新炭窑。张思德带着8个战士，一路唱着歌到了庙河沟的山林，分散在3个地方挖窑。

雨下大了，跟他一起干活的战士白满仓请求说："这回让我进去挖一会儿吧！"张思德见外面还在下雨，窑里也能容下两个人了，就说："好，进去多注意！"白满仓见他还要进去，劝他歇会儿。张思德说："我不累，我们得赶紧把炭窑挖成，好多出几窑炭。现在革命需要炭，领导和同志们需要炭，多出一窑，就是为抗战多作一份贡献！"说着，又钻进了窑里。

雨渐渐停了下来。快到中午时分，一眼炭窑就要挖成了。为了保证质量，张思德拿着小镢头开始修整窑面，突然，窑顶上"啪啪"掉下几片碎土。"快出去，有危险！"张思德大喊一声，一把将白满仓推出窑口，就在这时，"轰隆"一声，两米多厚的窑顶坍塌下来。白满仓在窑口被压住半截身子，张思德整个被埋在土里。张思德为了战友的安全，献出了29岁的生命。

1944年9月8日下午，中共中央直属机关举行"追悼张思德同志大会"，毛泽东也参加了大会，并且亲自献上一个花圈摆在大会台子中央，花圈的挽联上有他亲笔题写的"向为人民利益而牺牲的张思德同志致敬！"也就是在这个追悼大会上，毛泽东做了《为人民服务》的著名演讲：

"人总是要死的，但死的意义不同。中国古时候有个文学家叫作司马迁的说过，'人固有一死，或重于泰山，或轻于鸿毛。'为人民利益而死，就比泰山还重；……要奋斗就会有牺牲，死人的事是经常发生的。但是我们想到人民的利益，想到大多数人民的痛苦，我们为人民而死，就是死得其所。"

叶挺狱中作《囚歌》

1941年1月皖南事变后，叶挺被国民党非法逮捕，先后被囚于江西上饶、湖北恩施、广西桂林等地，最后被关在重庆渣滓洞监狱。入狱5年，任凭国民党反动派百般折磨和威逼利诱，叶挺始终像傲雪青松一般，巍然挺立，坚贞不屈。

1942年5月，蒋介石亲自劝降，却被叶挺顶了回去。蒋介石向叶挺提出："只要答应写一个声明，说皖南事变是共产党的责任，就可以委任你为第六战区副司令长官，甚至当司令长官也可以。"叶挺当即表示说："这些事情现在不谈，要首先谈释放新四军的人。"蒋介石说："你的人都是共产党，不能释放。"叶挺批驳说："不敢对部下负责的人，怎能做委员长的部下！"蒋介石无言以对，嚷道："算了！算了！"狼狈离去。

1942年10月，叶挺的夫人李秀文通过多方奔走，终于在歌乐山下与叶挺相见。蒋介石原以为李秀文会劝说叶挺变节投降，没想到李秀文带去的却是周恩来、叶剑英等南方局领导人以及社会各界人士的问候与敬意。

回到牢房，叶挺按捺不住内心的激动，提笔写下了著名的《囚歌》：

为人进出的门紧锁着，

为狗爬走的洞敞开着，

一个声音高叫着：

爬出来呵，给尔自由！

我渴望着自由，

但也深知道——

人的躯体哪能由狗的洞子爬出！

我只能期待着，

那一天——

地下的火冲腾，

把这活棺材和我一齐烧掉，

我应该在烈火和热血中得到永生。

叶挺把这首《囚歌》写在牢房的墙壁上，手稿由夫人李秀文带出牢房交给了郭沫若，在社会上广泛传颂。这是一首用热血写成的诗，它所体现的崇高革命气节和伟大爱国精神，鼓舞着一代代中国人前赴后继，奋勇向前。

乳汁救亲人

1941年11月2日，日伪军5万余人采取"铁壁合围"战术，大举"扫荡"以沂南县为中心的沂蒙山区抗日革命根据地。4日拂晓，驻扎在马牧池乡的八路军山东纵队司令部被日军包围，指挥机关陷入困境。

这天一大早，李开田就和村里民兵翻过大山送伤员去了。中午，明德英正抱着不到一岁的儿子在团瓢（沂蒙山区常见的茅屋建筑）门前晒太阳。突然间，明德英看见坟场出现一个跟跟跄跄的人影。

原来，走来的是一个八路军小战士。当时，他正被四五个鬼子追赶。小战士跑到王家河沿，就躲进坟场继续与鬼子周旋，不料却肩膀中枪。他强忍着伤痛准备向北跑，一眼就看见正在团瓢门口喂奶的明德英。

明德英也发现了他，放下孩子就迎了上去。小战士手捂着肩膀叫了声"大嫂"。明德英指指自己的嘴巴、耳朵，不断摆手，表示自己是聋哑人。小战士焦急地用手比画，明德英很快明白了，赶紧把他拉进了团瓢。

小战士看着破陋的团瓢，觉得不好藏身，又担心连累明德英一家，转身要走。明德英看出端倪，一把将小战士推进床下藏了起来，并示意他不要出声。然后，明德英装作若无其事，抱起啼哭的孩子，坐在团瓢门前继续晒太阳。

很快，鬼子就追来了。他们根本没理会明德英，直接钻进团瓢准备搜查。可能是因为团瓢太破陋了，他们看了一眼就准备离开。鬼子回头发现明德英是个聋哑人，打手势问她有没有看见一个受伤的人，机智的明德英朝西山方向指了指。几个鬼子信以为真，扭头就向西山追去。

鬼子走了以后，明德英钻进团瓢，才发现那个小战士由于失血过多已经昏迷，手脚开始抽搐。他嘴唇干裂，喊着要水。明德英赶忙跑到水缸一看，水缸见底了，她急得团团转。

此时，床上的儿子突然哭了起来。儿子的哭声一下子提醒了明德英，实在不行就给他喂点奶水吧。明德英虽然脸上一阵发烫，还是毅然做了决定。她迅速解开衣襟，把奶水一滴滴地挤进小战士嘴里。因为营养跟不上，明德英的奶水并不多，她就一直双膝跪着，一滴……两滴……不知挤了多久，直到小战士逐渐清醒过来，看到眼前的一幕，含着泪说了声："谢谢大嫂……"

天擦黑的时候，李开田回来了。明德英感觉形势紧张，就比画着和丈夫商量，想把小战士转移到坟场的一座空坟中。

趁着天黑，明德英和丈夫在空坟里铺了厚厚的干草，用杂草伪装后，把小战士扶了进去。当时正值冬季，明德英把家里唯一的破棉被送给了小战士。

　　为了让小战士尽快痊愈，明德英杀掉家里仅有的两只老母鸡，给他补身子。后来，家里实在没什么吃的了，明德英就跑到村里找老乡借来高粱、小米，给他熬粥喝。

　　经过明德英半个多月的悉心照料，小战士的伤好了很多。杀敌心切的小战士急着返回部队，明德英和丈夫拦不住，只好送他离去。

　　新中国成立后，明德英先后把儿子、女儿、孙子等送入子弟兵行列，体现了爱党爱军的沂蒙精神。

送四儿一女上战场

1945年,《大众日报》刊发了这样一首脍炙人口的歌谣:"朝阳官庄彭大娘,拥参工作做得强,母送子来妻送郎,彭大娘四儿一女上前方。"歌谣中的彭大娘叫王步荣,是沂水县小滑石沟村人,19岁时嫁给朝阳官庄村的彭纪忠,人们都称她彭大娘。

彭大娘34岁时,丈夫不幸病故,5个孩子全靠她一人抚养。

1938年,王步荣光荣地加入中国共产党。她带领全村妇女站岗放哨、支援抗日前线。这一年,她被选为朝阳官庄村妇女救国会会长。

当时,王步荣的家是我党的一个秘密联络点。武装队队员黄传真在执行任务时被敌人逮去,胸前的肉都叫敌人用蜡烛烧坏了。黄传真被营救后,安排在王步荣家养伤。王步荣冒着生命危险上山采集草药,配制土方给他治疗。在王步荣的精心护理治疗下,黄传真恢复了健康。那时候,好多地下工作者吃住在她家,在她的掩护下,成功躲过敌人一次次"扫荡"。

王步荣还多次发动全村妇女开展"每人每次捐献一双军鞋"运动,全村五十多名妇女积极响应,争先恐后赶做军鞋，三次共做军鞋150多双。

随着沂蒙山区抗日形势的发展，八路军部队亟须扩充。王步荣率先动员自己的二儿子彭润水参加了八路军。她说："人家八路军千里遥远来咱这里打鬼子，图什么？还不是为了咱老百姓嘛！我看得清亮，跟着共产党走，才有好日子过。"

1939年，二儿子彭润水在莒县下河城战斗中英勇牺牲。消息传来，王步荣没有被悲痛打倒，又将三儿子彭润田送到区中队。她说："我二儿牺牲了，部队有了损失，我再将三儿子交给部队，你们要多消灭敌人，为我家老二和牺牲的同志们报仇。"

1942年，抗日战争进入最艰苦的时期，部队伤亡较大，急需补充力量。这时，王步荣又将刚满14岁的四儿子彭润河送上了前线。

部队急需医护人员救治伤病员，王步荣又将唯一的女儿彭润彩送往部队，并动员本村的徐素珍和另一个姑娘一同前往。

1945年秋，彭大娘当时已55岁，沂蒙解放区掀起了大规模的参军运动，她心一横，又把本来要留在身边养老的大儿子送去参军。

在她的带动和影响下，全村出现了母送子、妻送郎、兄妹相送、爷仨争参军的热烈场面。到1945年底，朝阳官庄村70多户人家，参军参战的就有76人，成了远近闻名的"军属村"。

军民生死情

1943年秋天，上万日伪军对鲁西南地区进行扫荡。当时，25岁的秦兴体任五分区供给部保管股股长，正在曹县刘岗村执行任务。按照上级要求，秦兴体将边区货币、缝纫机、棉花和布匹等物资就地妥当掩埋。这时，敌人已将刘岗村团团围住，秦兴体无法转移，换上农民衣服留了下来。

10月6日拂晓，1500多个日伪军把刘岗村包围起来，试图找到八路军后勤物资。秦兴体一边组织民兵阻击敌人，一边掩护群众突围。由于寡不敌众，敌人很快攻占了刘岗村，秦兴体与一千多名村民被赶进村外的寨海子。日伪军在四周架起机枪，寨海子瞬间变成了一个大水牢。

日军翻译官喊道："今天你们只要说出谁是共产党，谁是八路军，八路军的军用物资藏在哪里，皇军就会放了你们。"

一千多名村民静默无声。

日军从水中拉出两个青年人，逼问："谁是八路军？"二人齐声回答："不知道！"

日军指挥官一努嘴，日本兵立即开枪打死了他们。随后，日本兵又把一个青年拉出来吊在树上，挥舞着棍子猛打，一边打一边问："谁是共产党？谁是八路军？"

"不知道！"

随后，青年便被活活打死了。

目睹日军的暴行，秦兴体心如刀绞，他几次想冲出去和敌人拼命，都被群众扯住。

更加残酷的审讯开始了。敌人抬来一张刑床，从水坑里拉出一名村民捆在刑床上，严刑拷打，但不管怎么审讯，受刑的村民都一口咬定"不知道"。

"统统的死了死了的！"日军指挥官多喜成一恼羞成怒，挥舞着指挥刀向机枪手大声叫嚷。

为保护村民安全，秦兴体再也忍不住了，不顾一切地挣脱村民的手，猛然在水牢中高喊："我是共产党！我是八路军！"

"你们八路军的军用物资放在什么地方？说出来大大的奖赏！"

"你先把人都放了！"秦兴体坚定地说。

日军指挥官命令手下把村民从寨海子里赶出来，然后又凑到秦兴体身边："八路的军用物资到底藏在哪里？"

秦兴体拍拍胸脯："它全藏在这里，你们永远找不到！"

多喜成一吼叫了一声，几个汉奸立即把秦兴体绑在刑床上，边用皮鞭猛抽，边向他身上滴洒浓硫酸，秦兴体身上顿时烧起了许多血泡，疼得昏死过去。

日本兵往秦兴体头上泼了一盆冷水。待秦兴体苏醒过来以后，多喜成一又问道："你说不说？"

秦兴体沉思了一会儿："我说。"

翻译官喜出望外，立即让人把秦兴体放下来。秦兴体转过身来，大声说道："乡亲们，抬起头来，不要伤心难过，中国人民是有骨气的！抗战一定会取得胜利！我们要坚持到底，和日寇汉奸斗争到底……"

多喜成一被气得哆嗦着手，指着秦兴体大喊："快！快！卡住他的喉咙！"

几个鬼子扑上来把秦兴体拖到墙根，用长钉把他钉在木板上，秦兴体大骂不止。

为了堵住他的嘴，日军用匕首从他身上割下肉，准备塞进秦兴体的嘴里。

秦兴体大声喊道："小鬼子，肉，你拿去吧，骨头是我的！"

日军把门板倒过来，下面生上火，对秦兴体用上了中国历史上最残忍的酷刑——凌迟……

村民忍无可忍，纷纷冲上去和敌人拼命，敌人的机枪开火了，一百多名村民倒在血泊中……

一千多名村民为了救一名八路军战士不惧生死，八路军战士为了救一千多名村民献出了宝贵的生命，这份军民情义太深、太重了。

那一年重阳夜，刘岗村的百姓没有一家生火做饭。他们用门板制了一副棺木，把烈士遗骨埋在刘岗村边上，秦兴体永远成了刘岗人。

身高 1.2 米的大英雄

　　抗日战争时期，在山东乐陵有一位身高只有1.2米的大英雄，名叫李安甫，他与日本鬼子斗智斗勇的英雄故事，至今仍广为传颂。

　　15岁那年，李安甫来到驻在乐陵的八路军115师343旅抗日中队，要求参加八路军，因个子太小被拒绝。一天，他在街上碰到了343旅政治部主任符竹廷，一番毛遂自荐后，符竹廷破格接收了他。

　　个子小，适合做什么？这个问题难住了司令员萧华。他左右思忖之际，一抬头看到了挂在墙上的军号，于是他对李安甫说："只要你能吹响三个音，我就接收你。"接过军号，李安甫果然吹了起来。就这样，他当上了司号兵。

　　1939年秋，1 000多个鬼子包围了住在宁家寨的国民党军官高树勋。萧华闻讯，带领官兵解救了高树勋。

　　战斗结束后，李安甫在寨边巡逻，突然听到晒粮食的场院里传来一声声痛苦的喊叫声，他顺着声音摸过去，看到草丛里露出一双皮靴、一支短枪、一把指挥刀。李安甫看清是个受了伤的鬼子官后，便找了根大树枝，壮着胆子走上前，一脚踢飞了鬼子的指挥刀，再一把夺过那支短枪，开枪结束了鬼子的命。

李安甫打死的鬼子是一个联队长，为此他立了大功。在之后的一场短枪射击比赛中，李安甫夺得了第一名，他缴获鬼子官的那支短枪就成了他的奖品。

李安甫是有名的神枪手，萧华给他起了个"野马"的绰号。"野马"凭借聪明伶俐和身材优势，成了刺杀鬼子的最佳人选。

日军驻乐陵第一任宪兵队长茨谷五雄，杀人放火，无恶不作。武工队决定伺机除掉茨谷五雄，为村民报仇。

那天一早，事先打探好敌情的李安甫就藏进了胡同里，等待目标出现。没过多久，茨谷五雄果然来了。看着他越走越近，李安甫的心"扑通扑通"地直跳。待队长发出信号，他便稳住神向茨谷五雄迎了上去。当两人走近时，李安甫还朝茨谷五雄鞠了一躬。由于李安甫个子小，茨谷五雄以为他是一名小学生，还笑着摸了摸李安甫的头。就在擦肩而过时，李安甫迅速拔枪朝他心脏部位开了一枪，然后沿着事先侦察好的路线，一溜烟地跑回了家。也就一刻钟功夫，日军警报拉响了，县城戒严，四门紧闭，日本人搜寻几天一无所获。谁都不会想到，是李安甫这个"小学生"杀死了茨谷五雄。

此外，他还刺杀了第三任宪兵队长小野田守、日军教官川岛谷川，还有几个臭名昭著的汉奸。每一次都是以迅雷不及掩耳之势，一枪毙敌，为苦难中的乐陵人民报仇。

抗战胜利后，李安甫先后参加了解放战争、抗美援朝战争，多次荣立战功，被授予"一级人民英雄""全国战斗英雄"等荣誉称号。

决不在日寇面前躺着死

1939年6月，中共中央任命朱瑞同志担任八路军第一纵队政委，与司令员徐向前统一指挥山东和苏北的八路军各部。朱瑞的爱人陈若克便随丈夫从太行山进入沂蒙山区，担任了八路军第一纵队直属科科长、中共山东分局妇委会委员、省妇救会常委等领导职务。

1941年11月4日，日寇出动重兵，将我兵工厂、弹药库、粮库的所在地大崮山突然包围。此时的陈若克临近分娩，她拖着沉重的身子，与守山部队鲁中军区独立团团长袁达、政委于辉，一道率部与敌周旋。

7日深夜，陈若克在警卫员的搀扶下，艰难地走了几个钟头，冲出了鬼子的包围圈。拂晓前，在一阵剧烈的疼痛中，她的女儿出生了。婴儿的啼哭声引来了一队端着刺刀的鬼子。原来，鬼子攻占崮山后，没有发现八路军的踪迹，于是组织小分队搜寻八路军伤员和掉队的八路军战士。

陈若克被捕后，宪兵队队长从陈若克的口音和气度中断定她是个八路大干部，欣喜若狂，连夜审讯。鬼子问："你丈夫是谁？"陈若克回答："我丈夫是抗日战士！"鬼子又问："你是干什么的？""也是抗日战士！"陈若克说：

"要杀就杀，要砍就砍，不必多问！"

日寇宪兵队长暴跳如雷，对陈若克严刑拷打。"老虎凳""火铲子""皮鞭""辣椒水"，在钢铁般的抗日战士面前，都是那么无力。面对鬼子的残暴，陈若克咬紧牙关，宁死不屈。

由于陈若克体弱受刑，产后无奶，孩子饿得嗷嗷大哭。婴儿的哭声，让鬼子改变了策略。宪兵队长给婴儿送了牛奶，说："你是八路，我们佩服你坚强的意志，可你也是孩子的母亲，你的坚强对孩子来说就是残忍。"陈若克说："孩子的父亲是八路，孩子的母亲是八路，孩子身上流的也是坚强的血。"

日寇宪兵队长摇摇头，把奶瓶递给陈若克，说："孩子太可怜了，给她喝口奶吧。"陈若克把奶瓶摔在地上，怒斥道："我们母女，宁可饿死，也不会像狗一样活着！"鬼子软硬兼施，却始终无法让这位坚强的共产党员屈服。

1941年11月26日，鬼子用门板抬着昏迷的陈若克和她的女儿，向沂水城西沂河滩刑场走去。刚出沂水城，陈若克在门板上苏醒了，她知道自己与女儿的生命到了最后时刻。她用最后的力气喊道："站住，我要抱着孩子自己走！我是中国人，决不能在强盗面前躺着死！"

陈若克凭着钢铁般的意志从门板上下来站住，用血肉模糊的双手，拢了拢蓬乱的头发，扯了扯被打碎的衣服，抱起女儿，一步一步向刑场走去。她的孩子也没能幸免于难，母女俩把热血洒在了沂蒙革命老区的沂河滩上。陈若克时年22岁，女儿出生还不到20天。

最后一颗子弹

在山西朔州市平鲁区烈士陵园，矗立着一尊跃马提枪、飒爽英姿的塑像。她就是第二次世界大战史上唯一的华侨抗日女英雄李林。

李林是福建尤溪县人，1915年出生于贫苦农民家庭。幼年被侨眷领养，侨居印度尼西亚。1929年，随养母回到故乡，进厦门集美学校读书。1933年冬，就读上海爱国女中，积极参加学生抗日救亡运动，参加了"抗日救亡青年团"。

1940年4月下旬，日寇从同蒲、平绥线调集大量军队，对根据地腹地发动第九次"扫荡"。26日晚上，我雁北地委、行政专员公署机关和群众共1 000余人，从洪涛山脚下向平鲁方向转移。为掩护部队，李林指挥警卫连边打边撤。正在此时，敌人拦腰截断六支队与后方队伍。经与地委武装部部长姜胜紧急商榷后，李林带一个骑兵排，顺沟向东冲杀，吸引敌人的兵力，以保证姜胜带领大队人马突围。

李林不顾自己3个月的身孕，一马当先冲在前面，故意将身体直立马上，双手左右开枪以吸引敌军。敌人被李林的骑兵打昏了头，误以为是突围主力，慌忙调转兵力向东面增援，姜胜带领机关和群众趁机突围出去。

敌人发觉上了当，恼羞成怒，便集中火力咬住李林这支铁骑不放。李林带领战友们与敌奋勇拼杀，在枪林弹雨中飞驰，消灭了不少敌人，我方也伤亡过半，幸存者被敌人火力压在沟底。李林感到形势险恶，难以突围，便利用战斗间隙，从身上取下文件包，塞进岩石裂缝里，再用土封住，并嘱咐身边14岁的通信员二和子记住这个地方，待战斗结束再来取文件，交给地委机关。

李林掩护二和子平安离开后，试图再次突围。她瞄准敌人的机枪手，左右开弓，一枪击毙一个，趁着打哑了敌人机枪，继续向东冲杀。而此时，敌军已蜂拥而至。就在冲到村后的羚羊山时，战马不幸中弹，李林从马背上摔了下来。

李林扶着重伤员转移到一个小庙前，继续与鬼子顽强战斗。战斗中，两名战士相继牺牲，李林也多处中弹。她忍痛向敌人射击，以致敌人的火力也死咬李林不放。直到把驳壳枪子弹全部打光，李林从腰间抽出了一支小巧的八音手枪，镇定地扫了一眼，小手枪里只剩下一颗子弹。面对围攻上来的敌人，李林自知再无力突围，她毅然扣动了扳机，将最后一颗子弹打进自己的喉部，年仅24岁的李林壮烈殉国。

智引鬼子进埋伏

抗日战争时期，在河北省涞源县上庄村出了一位闻名全国的抗日小英雄，他就是王二小。

当时晋察冀军区一分区独立师老一团的骑兵连就驻扎在这一带。王二小喜欢马，常到骑兵连去玩，和八路军战士混得很熟。他是个聪明的孩子，骑兵连的吴连长非常喜欢这个孤儿，常常给他讲打仗的故事。后来，王二小就加入了儿童团，一边放牛一边给八路军放哨。

1942年10月25日早晨，王二小正在狼牙沟的外崖山坡上放牛，忽然看见一队鬼子进山来扫荡，鬼子兵有好几十人，正从狼牙沟口向范庄旺村走来。那边的山沟里隐蔽着八路军的后方机关，还有不少乡亲，万一鬼子摸进那条山沟，不仅八路军的后方机关受损失，乡亲们也在劫难逃。可是王二小知道，这时候跑回去报告已经来不及了。

这时，王二小忽然想起来，骑兵连就埋伏在石湖边的石岭子上。王二小冷静地想了想，他决定把鬼子引进埋伏圈，打他个措手不及！

打定主意后，王二小故意暴露了自己的目标，正在山谷里瞎撞的鬼子兵一见到王二小，连忙把他从山坡上抓来问路。

"小孩！你的……什么的干活？"

"俺是放牛的！"

"小孩……八路的……在哪里？"

"俺不知道。"

"你的……不要怕，说出来……八路在哪儿……给你金票，不说……死拉死拉的！"

这时的王二小装作害怕的样子说："太君！俺想起来了，晌午的时候，有不少八路军朝石湖方向去啦！"

恶狠狠的鬼子举起拳头，两个小眼珠滴溜溜转，吓唬王二小："小孩……你不要……撒谎！"

王二小假装生气地说："反正俺看见了，信不信由你！"

就这样，机智的王二小经过和鬼子周旋，骗取了鬼子的信任。从狼牙沟往东走是范庄旺村，王二小带着鬼子从西北沟钻了进去，引向八路军埋伏的石湖附近。其实这是一条死路，翻过巨石就到了路的尽头。

鬼子兵大摇大摆地走进了山沟。这时，石岭子山上的八路军战士开了枪，子弹嗖嗖地射向敌人，几个鬼子应声倒地。

鬼子一下傻了眼，直到此时才知道上了当。王二小趁敌人惊魂未定的时候向灌木林跑去，却被鬼子抓了回来。鬼子二话不说，朝他举起了刺刀。第一刀削去了王二小右手的五根手指，第二刀刺向了王二小的胸膛。最后，穷凶极恶的鬼子把他狠狠地摔在旁边的一块石头上。

战斗结束后，战士们急忙跑到石头前挽救王二小。当时的王二小还有一口气，部队将他护送到刘家庄，终因伤势过重，王二小永远长眠在了刘家庄的深山老峪里。王二小牺牲时，年仅13岁。

机智小兵

1924年，燕秀峰出生于河北任丘县于村乡后王约村，5岁就没了爹娘，和哥哥相依为命。由于机智灵敏，因此大家都叫他燕嘎子。

1938年，14岁的燕嘎子参加了抗日游击队。

当时，由于日本鬼子把根据地封锁了起来，游击队被困在了高粱地里断了粮。队长找来了"机灵鬼"嘎子，让他给同志们找点吃的，并规定"不许偷、不许抢、不许违犯纪律"。

"三不许"的纪律让嘎子有点发蒙，不过队长给了嘎子一支手枪。见到梦寐以求的手枪，嘎子顿时来了精神。他穿过封锁线来到一个被鬼子占领的村子，在村口看见了一个卖烧饼、馃子的茶水摊，可是嘎子一个钱币都没有。正在犯愁的时候，一个别着匣子枪的汉奸走了过来，往长凳上一坐就大吃大嚼，摆摊的老大爷敢怒不敢言。

嘎子眼睛一亮，计上心来。他悄悄走到汉奸身后，用枪指着汉奸的脑袋大喝一声："别动，动就打死你！"汉奸吓了一跳。嘎子伸手在他腰间一捋，下了他的枪，又命令他向前十步走，双手抱头蹲下。

回过头来，嘎子对老大爷说："我是八路的侦察员，有特殊任务想赊您这些烧饼、馃子，过后由组织上来按价还钱。"老大爷痛快地答应了。嘎子又叫过来汉奸，说道："把这些吃的喝的都拿着跟我走，你敢不老实就崩了你。"汉奸边喊饶命边背起烧饼、馃子，和嘎子一起往前走。

一路上，有汉奸做掩护，嘎子顺利返回了根据地。

有了这次立功表现，嘎子越战越勇。

梁召岗楼有一个外号"东霸天"的伪军队长。嘎子受领除掉"东霸天"的任务后，决定在赶集的时候干掉他。

这天，嘎子和两名队友化装成老百姓来到集上，选择有利地形静等"东霸天"出来。

小半天工夫，岗楼门开了，"东霸天"带着几个伪军大摇大摆地走了出来。等走到离嘎子三四米远的时候，"东霸天"看见了嘎子，突然拔出枪对准嘎子喝道："举起手来！"

嘎子一惊，心想："难道被识破了吗？不会，他这是在诈我。"于是装出非常害怕的样子说："老总，俺是赶集的。"东霸天斜楞着眼说："赶集的？老子看你是八路的探子。"随后抬脚就踢，并令伪军把嘎子带到炮楼里去。嘎子边走边想：这进去就是个死，不如就在这儿干吧。这时"东霸天"在背后连喊带骂、推推搡搡，嘎子借势故意向前摔了个趔趄，顺手从怀里掏出枪，"啪"的一声当即击毙了"东霸天"。顿时集市大乱，嘎子和队友趁机钻入人群不见了。

　　1944年底，燕秀峰被授予"一级战斗英雄"称号，著名作家魏巍写了《燕嘎子的故事》，作家徐光耀把嘎子的艺术形象搬进了电影《小兵张嘎》中。

炸得鬼子闻风丧胆

　　山东省海阳县文山后村的于化虎，是一位著名的地雷专家。他带领民兵以自制的20多种地雷为武器，使得"爆炸大王"的威名传遍胶东。

　　1944年的春天，那是于化虎与鬼子交手的第4个年头，此时的鬼子已经被民兵们的地雷战吓破了胆，屡战屡败，甚至不敢轻易出据点。

　　一天晚上，于化虎与另一名侦察员，携带了4颗25斤重的地雷，悄悄地潜伏在鬼子据点的墙外。在摸清了鬼子的活动规律后，于化虎满脸抹上泥巴，背着重达百斤的地雷，翻上了鬼子的墙头，剪断3道铁丝网，悄悄地摸进了鬼子的据点。就在权衡埋雷地的位置时，鬼子突然吹响了紧急集合的哨子。于化虎灵机一动，躲进了鬼子据点的茅厕里。大约过了十几分钟，确定门外没有动静后，于化虎悄悄地摸到鬼子的操场，用刺刀和小镢头，将4颗地雷埋成了两组子母雷。不料，他在撤退时被鬼子发现，不幸负伤，在侦察员的帮助下返回了村里。后来才得知，他的两组子母雷共炸死26个鬼子。没几天，出于对地雷的恐惧，据点里的鬼子一个不剩地全部逃去了青岛。

为对付于化虎和民兵的地雷，鬼子组织起探雷队。于化虎将计就计，以真假地雷对付敌人，鬼子挖出上面的假雷，下面的真雷随即被引爆。后来，鬼子将雷坑挖得又大又深，剪断真假雷相连的引火弦排除地雷。于化虎和爆炸组队员又试制成功了定时雷。一次，鬼子探雷队把挖出的4颗定时雷带回炮楼，定时雷突然爆炸，7个鬼子当场毙命。鬼子绞尽脑汁，只好在疑有地雷的地方画上白圈，在疑有地雷阵的地方做出标记，绕道行军。于化虎带领民兵布下疑阵，在鬼子画的圈外，另外画圈，并在圈与圈间埋上地雷，把鬼子炸得血肉横飞。

1945年夏季的一天，鬼子纠集400多人，对周围村庄进行"扫荡"。于化虎组织民兵，化装后混入敌人内部，活捉14个汉奸，随后换上汉奸服装进村布雷。他们撤出村后，开枪诱敌上钩。敌人慌乱中互相射击，地雷遍地开花。慑于民兵地雷战的威力，据守海阳县城的日军被围困在据点里，不敢越"雷池"一步，只得在驻青岛日军接应下从海阳逃走。

于化虎和他的民兵地雷战，在胶东一带威名大振，炸得鬼子汉奸闻雷色变。1944年10月，于化虎等5人受胶东军区委派，到烟潍线为1 000多民兵骨干传授制雷、布雷技术，开展历时4个多月的地雷战。他在蓬莱附近一次布雷炸死炸伤鬼子及汉奸28个。他曾创造一枚自制地雷杀伤7个敌人的纪录。在参加抗战的5年时间里，于化虎用地雷炸死炸伤鬼子及汉奸171个，他的制雷、布雷技术也传遍胶东。

　　1945年，于化虎被评为"胶东民兵英雄"，胶东军区授予他"爆炸大王"英雄称号。

孤胆英雄杨子荣

杨子荣，原名杨宗贵，1917年出生于山东省牟平县一个贫苦农民家庭。13岁时随父母闯关东，先后在鸭绿江上当船工，在鞍山、辽阳一带当矿工，因此对东北地区的风俗人情、行帮"黑话"等都有所了解，加之其人智勇威猛，为他之后顺利执行剿匪任务奠定了基础。

1945年，杨子荣参加八路军，跟随所在胶东海军支队赴牡丹江地区剿匪。1946年2月间，他和战友们夜袭郑马匪部，活捉匪首郑云峰，接着击溃马喜山，攻占五凤楼。17天打了21仗，歼匪1 600余人。杨子荣每战都冲锋在前。接着又参与了解放柴河、五河杋、北甸子、马桥河、板院等战斗，最后将残匪包围在杏树村。

杏树村是牡丹江北部的一个山村，集结了各处逃窜来的残匪400多人，企图负隅顽抗。3月22日，攻打杏树村残匪的战斗打响了。为尽早结束战斗，减少部队和群众的伤亡，杨子荣自告奋勇前去劝降。杨子荣只身进村，令土匪大为震撼。他的劝说句句在理、字字像刀。土匪权衡再三，迫于我军强大的威慑力，乖乖缴械投降。一场血战被杨子荣的智勇成功化解，百姓免于战火涂炭，部队保存了战斗力，还缴获了土匪手中大量的日式精良武器。经此一战，杨子荣一下子出名了，被光荣地评为"战斗模范"。

1947年1月26日，部队得到号称"座山雕"的匪首张乐山在海林县境内活动的线索，遂派杨子荣带领5名战士化装成土匪吴三虎的残部进山侦察。杨子荣等人到达夹皮沟的山林中，几番巧妙地与"座山雕"的探子接触，经过用黑话联络，取得了土匪的信任，打入其隐居地。2月7日，在杨子荣的组织和里应外合下，一举将"座山雕"及其联络部长刘兆成、秘书官李义堂等25个土匪全部活捉，创造了深入匪巢以少胜多的战斗范例。杨子荣等人没费一枪一弹就抓获了东北名匪"座山雕"，铲除了牡丹江地区最大的祸患，掀掉了压在群众心头几十年的大石头。

虽然"座山雕"等匪首被消灭了，但牡丹江地区仍有残余土匪在活动。1947年2月23日，杨子荣又接受了追剿丁焕章、郑三炮等匪首的战斗任务。经过侦察，杨子荣和几个侦察员在闹枝沟，发现土匪窝藏的"马架房子"。为了不打草惊蛇，在离窝棚三四百米的地方，杨子荣命令侦察员们匍匐前进，待慢慢靠近窝棚后，杨子荣第一个冲向窝棚，一脚将门踹开，大喊："不许动！举起手来！"慌乱的土匪开始操枪，杨子荣立即扣动匣枪扳机，由于天气太冷，枪针受冻，枪没有打响。紧跟上去的孙大德，手中的苏联转盘枪也没打响。这时，从屋里射出一颗子弹，正好打中了杨子荣的胸膛。杨子荣晃了几晃，倒在了门旁，鲜血一汪汪流到雪地上……杨子荣牺牲时，离自己30岁的生日只有8天。

为表彰杨子荣的英雄事迹，东北军区司令部授予杨子荣"特级侦察英雄""战斗英雄"的光荣称号，其生前所在的排被命名为"杨子荣排"。

中国保尔吴运铎

翻开吴运铎的个人履历，上面满是浓浓"火药味"：

新四军司令部修械所车间主任、淮南根据地子弹厂厂长、华中军工处炮弹厂厂长……全身上下一百余处伤痕；动过二十多次手术，身上残留着几十块弹片；左手4根手指被炸掉、右腿残疾，左眼几乎失明……

吴运铎1917年出生于江西萍乡安源煤矿一个贫苦工人家庭，从小就对机械感兴趣，长大后进矿厂当了学徒，开始学习机械知识，很快成为电机师。

抗日战争爆发后，吴运铎参加了新四军，被派到皖南云岭的新四军司令部修械所。在物资和技术极端匮乏的艰难条件下，吴运铎组织建成了我军第一个军械修造车间，并制造出我军第一支自制步枪。

1943年，上级要求吴运铎研制出一种威力大、射程远的单兵武器。吴运铎为此苦思冥想。偶然一次机会，一篇介绍枪榴弹的300字短文给他带来了灵感。历经数月的艰苦攻关，吴运铎造出了我军第一批枪榴弹，并在第一次试验发射中取得成功。

在那战火纷飞的年代，吴运铎随兵工厂从皖南到苏北，再到淮南，然后转战淮阴、沂蒙山，带领7个徒弟艰苦奋斗，兵工厂每年生产子弹都超过60万发。

为了修复前方急需的旧炮弹，他从报废雷管中拆取雷汞做击发药，虽然事先用水浸过，但雷管还是在他手中突然爆炸，他的左手被炸掉4根手指，左腿膝盖被炸开，露出膝盖骨，左眼几近失明，昏迷不醒15天。

身负重伤的吴运铎没有放弃兵工事业。1947年在大连附近的实验场，他和吴屏周厂长一起检查射出去的哑火炮弹。突然，炮弹爆炸，吴屏周当场牺牲，吴运铎左手腕被炸断，右腿膝盖以下被炮弹炸劈一半，脚趾也被炸掉一半。前来抢救的医生怕他麻醉后醒不过来，做手术时连麻药也没敢用，但吴运铎硬挺了过来。医生用X光检查后，发现他右眼里还残存一块小弹片取不出来，就坦率地告诉他有失明的危险。吴运铎却说："只要我活着一天，就一定为党和人民工作一天。"在病床上，他利用尚存的微弱视力，坚持把引信的设计完成。他还让人买来化学药品和仪器，在病房里办起炸药实验室，制造出新型高级炸药。3年时间，他和战友们自制的弹药、修复的枪炮，被一批批运到前线，源源不断地为部队提供消灭敌人的武器。

1951年，吴运铎当选为全国劳动模范，到北京参加国庆观礼。周恩来总理握着他的手说："你就是中国的保尔·柯察金。"随后，新华社发布题为《钢铁是怎样炼成的——介绍中国的保尔·柯察金、兵工功臣吴运铎》的电讯稿。从此，"中国保尔"吴运铎这个响亮的名字传遍了神州大地。

"虽九死其犹未悔"是对吴运铎这位优秀的无产阶级战士一生最好的诠释。在党和人民面前，他早已抛却个人生死，将生命的每分每秒，熔进革命的火炉，融入人类解放事业的伟大进程中。1953年，吴运铎拖着伤残的身体写下了自传体小说《把一切献给党》，发行量达500余万册，并被译为俄、英、日等多国文字影响国内外，成为鼓励青少年树立正确世界观、人生观、价值观的优秀作品。

一人可顶几个师

出生于山东官宦家庭的熊向晖，在清华大学读书时就秘密加入了中国共产党。抗日战争爆发后，他随清华大学南迁来到长沙。他本想投笔从戎，去延安参加抗战，但当时长沙社会各界正好组织青年服务团去胡宗南部服务。周恩来得知后，便想派一位秘密党员打入胡宗南内部。

周恩来对胡宗南的了解入木三分，针对潜伏者人选，提出了几点要求：出身名门望族或官宦之家，仪表不俗，言谈举止有爱国进步青年的气质，知识面较广，记忆力较强。就这样，年仅18岁的熊向晖被推荐给了董必武和周恩来。

在胡宗南亲自组织的面试中，熊向晖果然脱颖而出。不久，熊向晖成为胡宗南侍从副官兼机要秘书。潜伏期间，熊向晖与胡宗南朝夕相处，深受胡宗南的器重。

抗战后期和抗战结束后，随着时局的变化，熊向晖这枚早年周恩来布下的"闲棋冷子"开始真正发挥作用，成功传出胡宗南将进攻延安等极为关键的情报。

1943年夏，蒋介石决心消灭中共武装和根据地政权。蒋介石密电胡宗南："借共产国际解散良机，闪击延安，一举攻占陕甘宁边区，行动绝对保密。"胡宗南完成军事布置后，于7月2日正式确定7月9日进攻延安。

蒋介石要胡宗南"切实准备"，并且"极端秘匿"。然而，7月3日，国民党的作战计划就由熊向晖传出，再通过八路军驻西安办事处的电台发到延安。党中央接到情报后，及时拟定了类似"空城计"的作战方案。国民党"闪击延安"的计划破产，毛泽东大赞熊向晖，说他"一个人可顶几个师"。

1947年3月，胡宗南准备再次攻打延安。熊向晖在胡宗南的前线指挥所发现，国民党的保密局和一队美国人正利用美国最先进的无线电设备搞侦听，企图通过无线电信号搜查到共产党的首脑机关。熊向晖感受到此举对党中央的威胁，必须报告，但是苦于没有任何手段。最后，熊向晖不顾个人安危，把情报直接写到纸上，连密语都没用。

写在纸上的情报被放进一个信封，并写上他的联络人的名字，然后外面再套上个信封，最外面的信封上写着和熊向晖一起参加服务团到胡宗南部的北大一个学生的名字。

熊向晖又用这种办法发出了包括胡宗南部队的行军路线及应对共产党措施的其他情报。事后周恩来告诉他，收到他关于美国侦听设备的情报后，陕北中共中央的电台静默了3天，作战命令都通过大电台转到小电台，用各种手段躲过了国民党的监听。

胡宗南进攻延安失败后心灰意冷，但依然没有发现

"泄密者"就在自己身边，还把熊向晖送去美国公费读研究生。4个月后，由于中共社会部北平秘密电台被国民党侦破，导致很多人被捕，胡宗南才察觉到熊向晖的真实身份，但这时熊向晖已在美国。1949年，熊向晖辗转回国，周恩来很高兴，终于实现了"胜利后见面"的诺言。

智送情报的放牛郎

1938年1月，日军占领青岛。正随父亲在青岛靠做苦力谋生的董成森，平静的生活再起波澜。日军规定：在青岛，小男孩到了12岁就得上日本学校，毕业后去当日本兵。

"这不行，中国人咋能当日本兵！"父亲坚决反对，便卷起铺盖带着他连夜返回平度老家。

这样一来，父子俩生活没有了着落。无奈，11岁的董成森只好去给地主家放牛。

那时候，日军在平度修建了许多炮楼，给这一带从事地下武装工作的南海军分区带来很大麻烦。从小仇恨日本鬼子的董成森，便利用放牛的机会给八路军传递情报，当起了交通员。因为是放牛的孩子，敌人不怎么怀疑，董成森每次都能顺利通过关卡。

传递情报的次数多了，董成森也渐渐积累了与鬼子和伪军斗争的经验。

一天傍晚，交通员将一封信交给董成森，并再三叮嘱，一定要在晚饭前送到南村鬼子据点附近的后斜子村，如果遇到紧急情况，这封信千万不能落到敌人手里。

董成森明白，八路军肯定又有重大军事行动了。这次，他把信搓成长条，小心翼翼地藏在赶牛鞭子里就出发了。

快到后斜子村时，恰巧碰上一队伪军从外边回来，准备进据点。

在等待放吊桥的间隙，一名伪军走到董成森面前，左瞅右瞧，突然揪起董成森的领子问道："小孩，你是哪个村的，干什么去？"

董成森抬头看了伪军一眼，镇定地回答道："我是前双丘村的，去后斜子村姥姥家。"

刁钻的伪军没有轻易放过他，翻遍董成森全身，也没得到自己想要的东西。伪军看到董成森别在腰上的牛鞭子不错，一把夺了过去，说："小孩，你的鞭子挺好的，给我玩儿两天。"

"鞭子里藏着重要情报，决不能落在敌人手里。"想到这，董成森冲上去欲夺回鞭子。谁知，伪军将鞭子高高地举起，董成森个子矮，踮起脚尖也够不着。这时，董成森灵机一动，抓起伪军的胳膊，狠狠地咬了一口，只听"哎呀"一声，伪军一甩手，把董成森摔倒在地。

"小孩，你属狗的，咋还咬人！"恼羞成怒的伪军将鞭杆一折两段，恶狠狠地扔在地上，那封信也露了出来。

千钧一发之际，董成森一个翻滚压住鞭子，号啕大哭，两只脚交替蹬起浮土，大声地嚷道："你们赔我鞭子，赔我鞭子……"惹得伪军哈哈大笑。

这时，吊桥缓缓放下，伪军见状，不再与董成森计较，在一阵哄笑声中走进据点。董成森趁机把情报塞进衣兜，过了关卡，顺利地完成了任务。

在与八路军的接触中，董成森渐渐地懂得了革命道理。15岁那年，他正式成为一名八路军战士，并在战斗中屡次立功，光荣地参加了1949年国庆大阅兵，受到毛泽东主席的检阅。

"人小鬼大"的黄毛丫头

　　"人小鬼大"的黄毛丫头叫李凤英，是冀鲁豫军区的一名八路军战士。李凤英不知道自己姓什么，也不知道父母是谁，她只知道自己有一个奶奶姓李。奶奶领着她讨饭为生，奶奶的腿在讨饭途中被鬼子的炮弹炸伤后，领着她找到了八路军344旅代旅长杨得志，说："这个小姑娘是革命的后代，父母都被敌人杀害了，交给部队收养吧。"

　　这时候，李凤英7岁。

　　从此以后，杨得志旅长专门指派炊事班的刘炊事员照料李凤英。她跟随八路军344旅南征北战。扩军的时候，杨得志让李凤英和新招收的男女青年一起受训，由于她年龄太小，无法参军，就跟随后勤机关活动。长期的军旅生活，养成了李凤英男孩子般的性格，爬树掏鸟、下水摸鱼，男孩子干的事她都干。指战员们都很喜欢这个"假小子"，部队首长叫她"小黄毛丫头"，八路军叔叔叫她"小妮子疙瘩"。

　　李凤英11岁的时候就正式成为冀鲁豫军区的一名战士了。参军不久，已经担任八路军第2纵队司令员的杨得志，就对部队领导说："这个黄毛丫头鬼点子挺多，让她当情报员吧。"临别时，杨得志看到李凤英衣衫单薄，专门给她买了一件棉袄。

李凤英刚当情报员，第一次执行任务就旗开得胜。她装扮成卖梨膏糖的小贩，深入一个日伪据点，为八路军传递内线情报。她机灵，嘴又甜，哄得伪军团团转，还捎带着偷了敌人的两支手枪。根据李凤英的情报，县大队里应外合，发动了一次战斗，拔掉了这个据点。

人小鬼大的李凤英经常执行重要的情报任务。当地有一座玄武庙，是地下党和八路军的秘密联络点。按照约定，李凤英每逢农历二、七两日，必到玄武庙取情报，就是再恶劣的天气她也从未间断过。有一天，李凤英到庙里取情报，被两个汉奸盯上了，看着摆脱不开，趁汉奸不注意，她把情报吞到了肚子里。汉奸把李凤英带回去，软硬兼施，她就是不承认。敌人用皮鞭把她抽昏过去，以为她死了，就把她扔到野外，幸好被前来寻找她的八路军救了回来。

1945年，14岁的李凤英担任了姐妹团团长。一天，接到军区指示，要她把一位叫杨秀清的女同志接到韩楼村。那一天，李凤英化装成乞丐来韩楼村勘察地形。不料，回程时被一个还乡团头目盯上了。李凤英来不及思考，回去以后迅速接到杨秀清，一路上巧妙周旋，把杨秀清安全送到了韩楼村。

两个月后，李凤英奉命接杨秀清返回根据地，她和化了装的战友一起护送杨秀清躲过敌人的暗哨，经过层层关卡，渡过黄河，顺利地把杨秀清送走。后来她才知道，她接送的杨秀清是化名，真名叫卓琳，是邓小平政委的爱人。

不是冤家不聚头。就在返回途中，李凤英又遇见了那股还乡团，那个头目派人叫她过去问话。李凤英见势不妙，躲入油坊，但还是被敌人搜了出来。头目逼问她的身份，她说她是要饭的，头目挥起一刀，割伤了她的脖子，她倒在地上，血流如注。正在危急时刻，负责掩护李凤英的地下交通员朱继堂上前对还乡团的头目说："司令，她是个小要饭的，在咱这一带好几年了。"

朱继堂从衣袋里摸出几块大洋，悄悄地塞在"司令"的手里，赔着笑说："司令，我担保。"还乡团扬长而去，身负重伤的李凤英醒来，第一句话就对朱继堂说："转告领导，任务完成了。"刚说完，又晕了过去。

1946年10月，刘邓亲自指挥的鄄南战役打响，消灭国民党军队近万人。在战斗中，李凤英没日没夜地组织群众做好部队的后勤保障工作，还主动救护伤员。战斗胜利结束了，疲乏至极的她经过战场时，被敌人的死尸绊了好几个跟头，最后倒在一匹死马上，呼呼大睡。打扫战场的部队发现了她，把她带回驻地休息。刘邓首长亲自接见了她，刘伯承司令员夸奖她："小黄毛丫头真了不起。"邓小平政委诙谐地说："人小鬼大，大有可为。"

沂蒙"母子"情

　　1941年深秋，日军对沂蒙山实行大扫荡。山东纵队司令部的一名战士在沂水县院东头镇桃棵子村的挡阳柱山附近侦察时，被日军发现，身中五弹、两刺刀，鬼子以为战士已死，便离开了。

　　这名战士虽负重伤，但一息尚存。不知过了多久，一阵凉风吹过，他睁开了眼，用手摸了摸肚子，发现伤口裂开露出了肠子，便用力按住伤口，用衣服勒紧，紧咬牙关，向桃棵子村爬去。也不知过了多长时间，他终于爬到一户人家的门口，可再也没了力气挪动，昏死了过去。

　　这户人家的女主人祖秀莲发现了受伤的战士，便急忙唤来老伴张文新，一同把他架到屋里，赶紧为他擦洗包扎伤口。战士慢慢苏醒后，祖秀莲便想给他喂点淡盐水，可怎么也喂不进去，原来他的口中全是血块和断牙。祖秀莲将血块和碎牙抠出来才把水喂了下去。她把家中仅有的一点玉米面熬成稀粥喂给战士喝，又上山采来中草药为他疗伤。为给战士增加营养，祖秀莲晚上纺线，白天到集市上换一点粮食，还把家中仅有的一只下蛋母鸡杀了，熬成鸡汤喂给伤员喝。在祖秀莲的精心照料下，战士的伤一天天好了起来。

日本鬼子就驻扎在桃棵子村，不时到各家各户搜查。为了避免被鬼子发现，祖秀莲就叫来几个侄子，将战士抬到山上的一个岩洞里，每天给他送水送饭，擦洗伤口。

有一次，祖秀莲发现战士腹部的伤口爬满了蛆虫。她忽然想到，庄户人家咸菜缸里生了蛆，只要放上几片芸豆叶，蛆就会爬出来。当时已是深秋，她四处寻找，终于在村东找到了几棵即将拔架的芸豆秧。说来神奇，芸豆叶一放上去，蛆就爬了出来。祖秀莲又用艾蒿水为他擦洗了伤口，重新包扎起来。战士望着满头大汗的大娘，仿佛回到了生母身旁，泪流满面、情不自禁地喊了一声："娘！"

在祖秀莲的悉心照料下，这名战士奇迹般地活了下来。一个月后，祖秀莲打听到在不远的中峪村有一个八路军后方医院，便将他送了过去，继续疗伤。

祖秀莲后来才知道，这名战士叫郭伍士，是山东纵队司令部的侦察参谋，伤愈后又重返部队。1947年复员后，他没回山西老家，而是被分配到沂南随家店看粮库。他十分想念祖秀莲老人，打听了很多人家，都没有老人的消息。于是，他便挑起一副担子，挑着烧酒和狗肉，一边叫卖，一边寻亲。他走村串户，四处打听，终于在1956年的一天找到了祖秀莲。见到老人的那一刻，郭伍士热泪盈眶，双膝跪地，当即认祖秀莲为母亲。1958年，郭伍士携妻儿来到桃棵子村安家落户，像儿子一样孝敬祖秀莲老人。

1977年7月，祖秀莲老人去世时，正巧郭伍士因有事回了山西老家。回来后，郭伍士悲痛万分，在老人坟前痛哭不已。1984年，郭伍士也去世了，家人把他葬在了村南的山坳里，后来又迁移到了祖秀莲老人的坟墓旁，永远长眠在了沂蒙母亲的身旁。

大爱为国的革命母亲

1946年，毛主席听说常大娘的事迹后，为她亲笔题写了"大爱为国，革命母亲"。

常大娘，姓刘，名相会，是山东省乐陵市三间堂乡刘玉亭村人，因家境贫寒，9岁就到大常村做了聋哑人常培仁的童养媳。

1938年，日本鬼子占领了乐陵一带。这年秋天，"娃娃司令"萧华率八路军东进插入冀鲁边区，开辟了以乐陵为中心的抗日根据地。那年，刘相会47岁，已是6个孩子的母亲，八路军都叫她"常大娘"。

萧华率部进入乐陵后，常大娘动员好几个儿女参加了抗日组织。常大娘家是八路军的一个秘密活动点。

一天拂晓，腿部受伤的独立营副营长张子斌刚被送到常大娘家，在东墙外放哨的小女儿丁秀文就发出了敌人进村的信号。常大娘把张子斌摁到炕上，顺手拉过一条被子，连头带脸蒙了个严实。伪军闯进来后，她谎称是自己的孩子发高烧捂汗，骗过了追查。在常大娘的精心照顾下，十多天后张子斌伤愈归队。

随后，八区的组织干事袁宝贵又被送到了常大娘家。袁干事身上长满了疥疮，手烂得拿不住筷子，腿烂得不能走路。常大娘每天给他喂水喂饭、端屎端尿。听说用硫黄熏能治疥疮，常大娘就找来硫黄，放在盆内燃着，让袁干事蹲在上面熏。半个多月后，袁干事疥疮康复。临别前，他含着热泪说："大娘，您就是我的亲娘！"

渐渐的，凡是来常大娘家养伤、开会、住宿的八路军，都亲切地叫她一声"娘"。萧华司令在她家养伤时，也拜她为"干娘"。

在乐陵市档案馆，珍藏着一张手绘地图，那是常大娘一家所挖地道的示意图。

这些地道是1942年秋天奉上级指示挖成的，除了挖开会用的大洞时有队伍上的人帮忙，其余的只能靠常大娘一家自己挖。当时，常大娘和二儿子树芬、小女儿秀文在地下挖，常大爷在上边倒土，小儿子树春放哨。常大爷耳朵聋，常大娘就在他腰上拴条绳子，洞下装满土，拉一下绳子，他就把土车拽上来。为了不引起村里人的怀疑，他们把挖出来的土一部分填了沟，一部分运到村头湾边，再用稀泥封起来，泥成粪堆的样子。

地道挖好后，常大娘家便成了冀鲁边区三地委和县委机关驻地，常大娘全家也就成了"机关工作人员"。

1945年秋，中共渤海区第一地委奖给常大娘一面锦旗，上书"向在八年抗战中立下不朽功勋的革命妈妈常大娘致敬"。常大娘是乐陵县第一至三届人大代表。她晚年最引以为傲的事，就是在79岁那年光荣地加入了中国共产党。她一生有16个孙辈，其中10个党员，6个当过兵。

共产党员的意志是钢铁

"红岩上红梅开，千里冰霜脚下踩。
三九严寒何所惧，一片丹心向阳开。"

一曲《红梅赞》，是革命者凌霜傲雪、慷慨牺牲的壮歌，也是革命者矢志不渝、百折不挠、坚守共产主义理想信念的颂歌。

江竹筠，就是其中的典型代表。

1947年春，中共重庆市委创办《挺进报》，江竹筠具体负责校对、整理、传送电讯稿和发行工作。《挺进报》在几个月的时间就刊印1 600多份，引起了敌人的极大恐慌。这年夏，江竹筠的丈夫彭咏梧担任中共川东临委委员兼下川东地委副书记，江竹筠以联络员的身份随丈夫一起奔赴武装斗争第一线，负责组织大中学校的学生与国民党反动派进行斗争。

1948年春节前夕，彭咏梧在组织武装暴动时不幸牺牲，头颅被敌人割下挂在城门上示众。江竹筠目睹了这悲惨的一幕，她强忍悲痛，毅然接替了丈夫的工作。她对党组织说："这条线的关系只有我熟悉，别人代替有困难，我应该在老彭倒下的地方继续战斗。"

1948年6月14日，由于叛徒出卖，江竹筠不幸被捕，被关押在重庆渣滓洞监狱。国民党军统特务用尽各种酷刑：老虎凳、辣椒水、吊索、带刺的钢鞭、撬杠、电刑，甚至惨无人道地将竹签钉进她的十指，急欲从这个年轻的女共产党员身上打开缺口，破获领导川东暴动的党组织和重庆中共地下党组织。面对敌人惨无人道的酷刑摧残和死亡威胁，江竹筠始终坚贞不屈，义正词严："你们可以打断我的手，杀我的头，要组织是没有的。""毒刑拷打，那是太小的考验。竹签子是竹子做的，共产党员的意志是钢铁！"

在狱中经历各种酷刑后，难友们把她称为"中国的丹娘"。何雪松代表全体难友献给江竹筠的诗中赞颂她是"中华儿女革命的典型"。

临刑前，江竹筠写下了托孤遗书，盼望自己的儿子长大后："踏着父母之足迹，以建设新中国为志，为共产主义革命事业奋斗到底。"

1949年11月14日，重庆解放前夕，江竹筠被国民党军统特务杀害，献出了年仅29岁的生命。

"小萝卜头"狱中传情报

宋振中，江苏邳县（现江苏省邳州市）人，解放战争时期的小烈士。

宋振中的父母都是共产党员，父亲宋绮云是杨虎城将军的秘书。宋振中8个月的时候，父母被国民党反动派秘密逮捕，他也被带进了歌乐山下的白公馆监狱。由于终年住在阴暗潮湿的牢房里，吃的是发霉发臭的米饭，小振中长到八九岁时，个头却只有四五岁孩子那么高，成了一个大头细身子、面黄肌瘦的孩子，难友们都疼爱地叫他"小萝卜头"。

监狱生活使小萝卜头懂得了许多道理，国民党特务对共产党人的非人虐待、折磨，共产党员坚贞不屈、英勇斗争的精神，都留给他深刻的印象，使他从小就知道谁是坏人，谁是好人。他渴望自由，决心做像爸爸、妈妈，像罗世文、车耀先、许晓轩、江竹筠那样的革命者，为推翻国民党反动派，建立新中国而努力奋斗。

他年龄虽小，却尽自己所能，自觉主动地在地下党的教育和帮助下，做了许多成年革命者不能做的秘密工作。由于他年龄小，特务们对他的看管不是很严，他就经常在牢房之间传递信息。淮海战役胜利的消息传到监狱后，就是由他从男牢传到女牢，从楼上传到楼下的。每当大人商量事情，小萝卜头总是坐在门口放哨，还帮助大人了解入狱同志的情况，传递东西。

黄显声将军有一份报纸，每当报纸上有关于我党我军的重要新闻，先由黄显声将军摘录提供，由小萝卜头将消息送到被捕的《挺进报》负责人陈然那儿，陈然编发完成，再由小萝卜头送到各个牢房。这张特殊的报纸，在敌人的监狱里起着特殊的作用，难友们不断受到鼓舞。小萝卜头为办好这张报纸做出了重要贡献。

国民党溃逃之前，特务们安排杀害小萝卜头和他的父母。小萝卜头喊着："我没有罪，我要出去。"灭绝人性的刽子手劈胸就是几刀，残忍地杀害了他。

"小萝卜头"襁褓入狱，牢中成长，8岁牺牲，在狱中为中国革命事业贡献了力量。新中国成立后，人民政府追认宋振中和他的父母为革命烈士。

妇女火线桥

1947年5月12日下午，我华东野战军司令部下达了作战命令，13日凌晨将向盘踞在孟良崮的国民党王牌74师发起总攻。

在孟良崮以北约10公里的沂南县马牧池乡东波池村，为紧急支援孟良崮战役，时任沂南艾山乡妇救会长的李桂芳和几个妇女干部，在村内等待接受上级安排的任务。太阳快落山时，西波池村党支部书记王纪明气喘吁吁地来到东波池村找到了李桂芳，传达了上级的紧急任务：天黑以后，5个小时以内，必须在崔家庄与万粮庄之间的汶河上架起一座桥，保证进攻孟良崮的部队顺利通过。

村里的青壮男子都到前方支前去了，村里只剩下老弱妇孺，李桂芳一时不知所措。

"搭木板桥！"就在大家焦急万分时，东波池村的妇女干部刘曰兰终于想出了办法。"对！搭木板桥。"李桂芳高兴地跳了起来："没有木板大家摘门板，没有桥墩人扛着。"

晚上9时左右，华野九纵的一支队伍急行军来到了河边。带队的干部站在河边，面对着河水显得很着急。

"同志，辛苦了！"李桂芳赶紧上前搭话。这个人却好像没有听见，焦急地自言自语道："桥呢？"

"在这。"李桂芳转过身去，朝妇女们喊道："架桥！"话音刚落，按预定的顺序，妇女们抬起门板朝河里走去……桥，奇迹般地出现在队伍面前。

当时，虽然天气已经转暖，可夜晚的河水依然冰凉刺骨，河水漫上了妇女们的腰部，就好像掉进冰窟窿里一样。

刚开始，前面的部队知道是人搭起的桥，都有意放轻了脚步。可是，随着天越来越黑，后来的部队不知道桥的"秘密"，只管加快脚步，迅速过河。他们一个比一个快，一个比一个重。一分钟、二分钟、三分钟……桥下的姐妹们咬紧牙关坚持着。一个多小时的时间，一个团的战士，从32名妇女用柔弱肩膀架起的人桥上通过，火速奔向孟良崮战场。

当战士们的脚步声消失在炮声隆隆的前方，这些妇女却被冻得周身麻木，累得瘫倒在河边。很少有人知道，她们当中，有的怀有身孕，有的因此落下终身残疾，有的终生没能生育……

为了新中国，前进！

　　1948年5月初，董存瑞所在部队参加冀热察战役。隆化县城是热河省会承德的拱卫，敌人事先在这里修筑了大量碉堡，有些特殊构筑的暗堡还被称为"模范工事"。隆化战斗打响前，在比武中夺得"爆破元帅"的董存瑞代表大家表决心："我就是死后化成泥土，也要填到隆化中学的外壕里去！"

　　5月25日下午3点30分，进攻开始，董存瑞所在的6连向隆化中学发起冲锋。突然，敌人的机枪像暴雨般横扫过来，把战士们压在一条土坡下面，抬不起头。原来，这是隆化中学东北角横跨旱河的一座桥上喷出来的6条火舌。狡猾的敌人，在桥上修了一个伪装得十分巧妙的暗堡，拦住了我军冲锋的道路。这时，董存瑞和战友们纷纷向连长请战，要求把这座桥型暗堡炸掉。白副连长派出李振德等3名爆破手去爆破，李振德冲出不远，炸药包就被敌人枪弹打中，李振德阵亡，其余两名爆破手身负重伤。这时，团部来了紧急命令，要6连火速从中学东北角插进去，配合已突进中学院内的兄弟部队，迅速解决战斗。白副连长命令董存瑞去炸碉堡。

董存瑞挟起炸药包，弯着腰冲了出去。在战友郅顺义的火力掩护下，他一会儿匍匐前进，一会儿借着郅顺义扔出的手榴弹的烟雾站起来一阵猛跑。桥型暗堡里，敌人的机枪越打越紧，子弹带着尖利的啸声，从他的耳边掠过。突然，董存瑞摔倒了，郅顺义站起来刚要向前冲去，只见他又猛然爬了起来，一阵快跑跳进旱河沟里，进入了敌人的火力死角。

这时，董存瑞的腿受了伤，鲜血直流。他抱着炸药包迅猛冲到桥下。桥离地面有一人多高，两旁是砖石砌的，没沟、没棱，哪儿也没有安放炸药包的地方。如果把炸药包放在河床上，根本炸不着暗堡，河床上又找不到任何东西充当支架。怎么办？突然，董存瑞身后响起了嘹亮的冲锋号声，进攻的时间到了。

危急关头，董存瑞毫不犹豫地用手托起炸药包，毅然拉燃了导火索，奋力高喊："为了新中国，前进！"暗堡被炸毁，董存瑞用自己年仅19岁的生命为部队开辟了胜利前进的道路。

在1950年9月召开的全国战斗英雄、劳动模范代表大会上，董存瑞被追授为"全国战斗英雄"。1957年5月29日，朱德总司令为他题词："舍身为国，永垂不朽！"

现代花木兰

　　南北朝时期的民歌《木兰辞》，描写了花木兰替父从军的传奇故事。在中国人民解放军的部队中，也有一位女扮男装的"花木兰"，她叫郭俊卿，是我军历史上唯一一位女特级战斗英雄。

　　1945年，部队到郭俊卿的家乡辽宁省凌源县征兵。因为不征女兵，14岁的郭俊卿便女扮男装去应征。登记的时候问她叫什么，她顺口起了一个男人的名字"郭富"。从此，郭俊卿开始了她5年的军中"花木兰"生涯。

　　郭俊卿与当年的花木兰一样，在战斗连队，先后当过通讯员、警卫员、班长、文书和副指导员，和男兵一起冲锋陷阵，鏖战疆场，出生入死，立大小战功7次，荣立特等功1次。

　　一次，上级让她在4个小时之内，把一份命令送到30公里外的部队。天黑路险，她骑着快马在大山沟里奔跑，提前完成了任务。可是，在返回的路上，战马累死了，她就背着马鞍走了十几公里回到驻地。

　　她担任3连4班班长的时候，平泉战斗打响。当时全班只有十几支老式步枪和几十颗手榴弹，战士大多是初上战场的新兵，面对的却是装备精良训练有素的敌人。战斗开始后，郭俊卿摇着红旗冲在最前面，带头冲上山梁，同敌人展开白刃格斗。敌人见她个子小，端着刺刀冲过来，没想到郭俊卿抢先出手，刺死了一个敌人，其余的敌人吓得四处逃散。他们攻下阵地并牢牢地守住了阵地。战斗结束后，她带领的4班被评为"战斗模范班"。

从辽沈战役开始，郭俊卿随部队从东北一直打到广东，征战了大半个中国，行军、作战，她从没有落在人后。

成年累月和男战友生活、战斗在一起，有时候连郭俊卿都忘了自己是女儿身，但战友们还是发觉了她的异样。5年之中，没有人看她睡觉的时候脱过衣服，也没有人和她一块儿上过厕所、洗过澡。一天，一个战友和郭俊卿开玩笑，抱住了她，郭俊卿突然哭了，抄起马刀要和这个战友拼命。

1950年4月，郭俊卿患病住院。她坚决不让医生检查身体，直到部队领导赶来，才知道这个骁勇善战的钢铁战士原来是女儿身。从此，郭俊卿的履历表上，"郭富"变回了"郭俊卿"，"男性"变回了"女性"。

同年9月，她作为第四野战军的代表，身着女式军装出席了"全国战斗英雄代表会议"。在北京怀仁堂，她受到毛泽东和朱德的接见，中央军委授予她"全国女战斗英雄""现代花木兰"的称号。这一年，她的故事搬上银幕，影片《战火中的青春》中的女主人公高山的原型就是郭俊卿。

怕死的不是共产党员

    1947年3月26日，毛泽东带领中共中央机关转战陕北途中，任弼时向毛泽东汇报了刘胡兰的英雄事迹，毛泽东非常激动，挥笔题下了8个字："生的伟大，死的光荣。"刘胡兰的事迹很快传遍了根据地、传遍了全中国，她的革命气节教育和鼓舞了无数的共产党人、革命青年。

    刘胡兰，原名刘富兰，1932年10月8日出生于山西省文水县云周西村一个中农家庭。她出生时父母给她起名"刘富兰"，从名字上就可以看出一个挣扎在苦难与贫困线上的家庭对富裕生活的期盼与追求。4岁时，生母就撒手人间，父亲刘景谦续娶胡文秀，胡文秀将刘富兰名字中的"富"字改为自己的姓氏"胡"，从此刘富兰更名为刘胡兰。

    全国抗战爆发后，中国共产党领导山西人民开展救亡运动，文水县成立了抗日民主政府，云周西村涌现出一批抗日积极分子。刘胡兰小小年纪就参加了抗日儿童团，为八路军站岗、放哨、送情报。后来，刘胡兰当上了村妇救会秘书，参加了党领导的送公粮、做军鞋等群众支前活动，还动员青年报名参加八路军。刘胡兰在侦察敌情、除汉奸、送弹药、救护伤员的过程中，经受了战火的考验，1946年6月被批准为中共候补党员。

1947年1月8日，失败的国民党军开始对云周西村进行疯狂报复。敌人抓走了地下交通员石三槐、民兵石六儿、农会秘书石五则等5人，严刑拷打。危急关头，刘胡兰一面派人向区里汇报，一面到被捕同志家慰问，并在心里做了最坏的准备。

党组织十分关心刘胡兰的处境，决定派人接她上山，要她离开云周西村。可是，刘胡兰还没来得及动身，国民党反动派的军队就包围了云周西村，刘胡兰不幸被捕，关在一座庙里。敌人想收买刘胡兰，对她说："告诉我，村子里谁是共产党员，说出一个，给你一百块银圆。"刘胡兰大声回答："我不知道！"敌人又威胁她说："不说就枪毙你！"刘胡兰愤怒地回答："不知道，就是不知道！"敌人把刘胡兰打得鲜血直流。刘胡兰像钢铁铸成似的，坚韧不屈，毫不动摇。

残忍的敌人为了使刘胡兰屈服，把她拉到庙门口的广场上，当着她和乡亲们的面，铡死了同时被捕的6个民兵。敌人指着血淋淋的铡刀说："不说，也铡死你！"刘胡兰挺起胸膛说："要杀要砍由你们，怕死的不是共产党员！"她迎着冷冽的北风，踏着烈士的鲜血，走到铡刀跟前，从容地躺在铡刀下，英勇牺牲，年仅15岁。

1947年8月1日，中共中央晋绥分局做出决定，追认刘胡兰为中国共产党正式党员。

深藏功名六十载

张富清出生在陕西省汉中一个贫苦农民家庭。因生活困难，张富清长到21岁时还很瘦小。1945年，家里唯一的壮劳力二哥被国民党抓走当壮丁，打长工的张富清用自己换回二哥。因为羸弱，他被关押近两年，后被迫加入国民党军队当杂役，目睹了国民党军队的种种劣行。1948年3月，瓦子街战役中，被"解放"的张富清没有选择回家，而是主动要求加入中国人民解放军，成为西北野战军359旅的一名战士。

换上新军装，一个崭新的世界展现在张富清面前。在两支迥然不同的军队的强烈对比下，让他下定决心要为穷苦人打仗。1948年7月，在围歼胡宗南主力部队的壶梯山战役中，他因作战勇猛，荣立一等功，光荣地加入了中国共产党。

对张富清最大的考验，是1948年11月围攻国民党第76军的永丰镇之战。27日黄昏，张富清所在6连担任突击连。东北角寨墙侧面的两个碉堡，是两处主要火力点。当晚，张富清主动请缨，担任突击组长。他们3人跃出坑道，快速抵近，趁着夜色，爬上三四米高的寨墙。他第一个跳下去，端起冲锋枪一阵猛射，令敌人猝不及防，一下撂倒七八个。他迅速接近敌碉堡，先放置几颗手榴弹炸药包，用手一拉，侧身一滚，"轰"的一声，碉堡被炸毁。趁着烟雾，他迅速逼近第二座碉堡，如法炮制，又成功了。这时，他才感到伤口剧痛，吐出一口鲜血。他满口牙被穿云破石般的爆破震松，3颗大牙当场脱落，头皮也被弹片犁开。

战役结束，张富清荣立一等功、被授予"战斗英雄"称号，晋升为副排长。表彰大会上，王震司令员亲自为他戴上军功章，西北野战军司令员彭德怀握着他的手说："你在永丰战役中表现突出，立下了大功！"

此后，张富清跟随部队战陕中、战陇东、战天水、战西宁……千里奔驰，攻坚克难。新中国成立后，又挺进新疆抓特务、灭土匪。7年军旅，南征北战，张富清先后两次荣获"战斗英雄"荣誉称号，一次"人民功臣"奖章，除了特等功，还4次荣立一等功。

1955年，已是正连职军官的张富清，响应号召选择了去偏僻的鄂西山区，在来凤县一干就是一辈子，最后从县建设银行副行长岗位上离了休。

几十年里，他从未向外界透露自己的战斗经历。他的老伴、儿女和孙辈们也只知道他当过兵，对他立下的赫赫战功毫不知情。

2018年底，因国家开展退役军人信息采集工作，张富清才不得不拿出立功证书奖章，一个战功赫赫的英雄终于被世人所知晓。

2019年9月，张富清荣获习近平主席签署主席令并亲自颁授的"共和国勋章"，被授予"最美奋斗者"荣誉称号。

一根小竹竿

在中国革命军事博物馆里，陈列着一根饱经战斗风霜的小竹竿，上面刻满了淮海战役中的支前故事。这根竹竿的主人就是从山东莱阳西陡山村走出的支前英雄唐和恩。电影《车轮滚滚》中那位携带竹竿、推着独轮车的耿东山，其原型就是唐和恩。

1948年秋天，解放区人民迎来了土改后的第一个丰收年。一天，正在地里忙着收庄稼的唐和恩，听说村里要组织民工队到淮海前线去，便放下手里的活，急急忙忙跑往村支委会去请战。在他的带动下，村里很快组织起一个支前运输小组，被编入当时的淘漳区运输队运送公粮，唐和恩被指定为副指导员兼小队长。

唐和恩从家乡启程时，随身携带了一根三尺多长的小竹竿，累了撑着它休息，过河、涉水时用它探路。后来经过的地方多了，他突发奇想，要看一看这次支前究竟能走过多少村镇、多少县，因为没有纸笔，便把经过的地名刻在了这根小竹竿上。他想将来把这根小竹竿带回家去，传给自己的儿孙，让他们永远记住老一辈这段革命历程。

"把这些地名按地理位置连接起来就是一张完整的支

前路线图。"小竹竿上面密密麻麻共刻下了山东、江苏、安徽3省共27个县88个村镇的名称，行程达4 000多公里。

在近半年的支前运输中，唐和恩和队员们顶风冒雨，忍饥耐寒，克服了一个个艰难险阻，把一车车粮食、弹药不断地送上前线，把一批批伤员安全转移到后方。

一个冬日的下午，唐和恩的运输小队接到一个十分紧急的运粮任务。运送途中，一条数十米宽、结着薄冰的河挡住了去路。向老乡一打听，得知要沿河继续走10公里才有桥。看着天色已晚，绕道已来不及，唐和恩当即决定蹚水过河。此时，北风呼啸，满天飘雪。唐和恩脱下棉衣扛起一包粮食，第一个跳下河去，在前面破冰探路。看到此情形，队员们也扛起粮食、抬起小车，蹚着齐腰深冰冷的河水跟着他徐徐前进，一路相互鼓舞、彼此照顾，顺利地到达彼岸。

一路上，唐和恩每到一处，就向群众宣传解放战争的形势和党的政策，鼓舞队员的士气和斗志。他还自编了一些故事和笑话，休息时讲给大伙听，有时还唱上两段地方小曲，以驱除同志们征途上的疲劳。

唐和恩曾在那根三尺长的竹竿上刻下豪迈诗句："一根竹竿行万里，省县村镇刻分明。胜利回来留纪念，传给后代好革命。"这根竹竿真实地记载了唐和恩小支队艰苦而光荣的历程，记载了人民群众为革命战争胜利立下的不朽丰功，也是淮海战役中解放军高歌猛进，走向胜利的历史鉴证。

淮海战役结束后，唐和恩被评为特等功臣，荣获华东支前委员会授予的"华东支前英雄"荣誉称号。他的支前小队被评为"支前模范队"，荣获"华东支前先锋"锦旗。

英雄父子

1947年2月，国民党军向山东解放区大举进攻。国民党占领凫山县后，地主恶霸趁机组织还乡团疯狂报复，各区村武装遭受重大损失。

3月10日，中共凫山县委六区分委书记兼区长邵长喜带着15岁的儿子、儿童团长邵明申去南阳镇传送情报时，不幸落入敌人魔掌。当晚，邵长喜父子就被关进了监狱。

在审讯室里，邵长喜父子大义凛然，痛骂国民党反动派不顾老百姓死活、悍然发动内战。敌人为了得到凫山县党政机关的突围情况，对邵长喜父子许以高官厚禄，但他们不为所动，严词拒绝。

敌人见劝降不成，随即露出了凶残本性。在昏暗潮湿的审讯室里，敌人对邵长喜父子严刑拷打，压杠子、灌辣椒水、火烧脚心、竹签钉手指，甚至用上了旧时县衙留下的刑具。邵长喜父子在酷刑下一次又一次昏死过去，但父子俩始终咬紧牙关，没向敌人吐露一点党的秘密。他们痛骂国民党特务：你们想要的情报我们都有，但绝不会告诉你们，不要白费心思了，今天落到你们这群畜生手里，横竖一死，要杀要剐随便你们！

软硬兼施无效，恼羞成怒的敌人终于耐不住性子了。3月20日，敌人用铁条穿透父子两人的锁骨，绑在椅子上，抬着到后屯、岗头、盖村等地方游街"示众"。百姓们看到邵长喜父子满身鲜血、血肉模糊，无不痛心流泪。

几经摧残折磨后，凶残的敌人要将邵长喜父子活埋。敌人在挖好的土坑旁边，对邵长喜父子吼道："你们招还是不招，不招就活埋你们，招了不但可以活着，还分给你们耕牛和土地。"

邵长喜父子轻蔑地看着刽子手马连荣和张崇珏说："我们共产党人是绝不会被屠刀吓倒的，要杀便杀，不必多言！"

随即，邵长喜父子从容地跳入坑内。二人高呼："毛主席万岁！中国共产党万岁！"

就义时，邵长喜42岁，邵明申年仅15岁。

英名碑上的"活烈士"

1947年4月，国民党军队向沂蒙山解放区发起疯狂进攻。

26日凌晨，韩成山跟随部队急行军10公里，赶到黄崖山。我军刚把兵力布置好，国民党整编第74师就"兵临山下"。敌军先是以4架飞机、两个炮兵营对黄崖山阵地进行狂轰滥炸，然后以一个营的兵力发起冲锋。

战斗进行得很惨烈，敌人一个营被打退了，又增加一个营，两个营都被打退了，又以一个团的兵力从正面进攻。战斗从上午打到下午，镇守阵地的7连打退了敌人的七八次进攻。7连战士伤亡过半，弹药将尽，情况十分危急。

这时，上级命令7连迅速撤出战斗。但是，此时坚守黄崖山主峰的7连一排被敌军死死包围。

黄崖山主峰西面是深480米的悬崖，北面是深沟，而此时成千的国民党士兵从东面的坡上蝗虫似的涌上来。

"同志们，人在阵地在，跟敌人拼到底！"排长朱际昌下了命令。不久，子弹、手榴弹都打光了，战士们抱起石头砸向敌人。

这时，韩成山听到距离阵地十多米的敌人高叫着："抓活的！"朱排长将身上最后一枚手榴弹扔向敌人，随后就纵身跳下悬崖，韩成山也随着排长纵身一跃……

第二天凌晨，韩成山奇迹般地醒了过来。他发现右腿骨折了，右手拇指被摔断了，浑身上下全是伤。天亮时，他发现有个老农向他走来。当老农得知韩成山是八路军后，迅速将他背到一个大石洞里藏起来。

老农名叫石贞文，是蒙阴县垛庄镇东大洼村人。石贞文每天都给韩成山送来煎饼和水，采草药给他治病，还把家里仅有的一点盐拿出来给他清洗伤口。

一次，石贞文给韩成山送来了羊肉汤。一问才知道，老人将家里仅有的一只小羊宰了。跳崖时都没掉过一滴眼泪的韩成山，被感动得热泪直流。

在石贞文的精心照料下，韩成山养伤71天，先后转移4个藏身之地，右腿和右手的骨折处基本愈合。这时还乡团还在不断搜山，石贞文赶紧制作了一对拐杖，烙了一大包煎饼，趁黑夜将韩成山送下山。韩成山架着双拐，经过7夜的夜行，平安回到老家沂南县辛集镇招贤村。

后来，韩成山才知道，黄崖山一战，我军以一个连的兵力成功阻击了74师两个团的进攻。战斗后不久，部队在沂水县悼念在黄崖山阻击战中光荣牺牲的烈士，其中就包括韩成山，韩成山的名字被刻在了孟良崮烈士陵园的石壁上。

韩成山回到了家乡，很多老乡得知他是孟良崮战役中幸存的英雄，建议他找民政部门，以享受伤残军人的待遇。韩成山却始终坚定地认为，自己是一个伤残军人，既然不能为群众谋福利，也绝不能给国家添负担。韩成山30年里隐姓埋名，作为一名普通农民，和乡亲们一起为建设家乡贡献自己的力量。

直到1977年，当年参加过黄崖山战役的机枪班班长刘榴厚在寻访战斗旧址时，偶然得知当年"牺牲"的烈士韩成山还活着，才把这位隐居30年的战斗英雄"挖"了出来。

三次入伍的铁血英雄

1942年，19岁的曹玉海怀着国仇家恨带头报名参加了八路军。在一次反扫荡战斗中，曹玉海负伤，被安排回家养伤。这年秋天，起义后归八路军建制的东北军某师在他家乡驻扎，曹玉海坚决要求重返前线打鬼子，经地方政府和部队批准，曹玉海第2次参军入伍。

在抗日战争和解放战争中，曹玉海作战勇猛，先后参加了横山战斗、东北剿匪、保卫四平、三下江南、辽西会战、解放天津等战役，立战功7次，荣获"滨海抗日模范""战斗模范"等称号。1944年2月，他光荣地加入了中国共产党。

1949年4月，已是营长的曹玉海随大军南下解放江南，在湖北宜昌与国民党军队激战时身负重伤，留在武汉治疗。养伤期间，得到一位护士的爱慕，两人建立了恋爱关系。伤愈后，组织考虑他身体虚弱，便安排他转业到武汉监狱任监狱长。

深深爱着曹玉海的姑娘向他提出结婚要求的那天，曹玉海从广播里听到了朝鲜战争爆发的消息。部队奉命北上路过武汉时，曹玉海找到老部队，要求重返部队保家卫国。师领导说："你已经转业了，在地方好好干吧！"曹玉海坚定地说："我们的新中国刚刚建立，帝国主义就把战火烧到我们家门口了，岂能坐视敌人侵略！"曹玉海婉言拒绝了未婚妻的结婚要求，第3次入伍，毅然走向抗美援朝前线。曹玉海被任命为第38军114师342团1营营长。

在防守月峰山时，曹玉海带领全营采取灵活机动的战术，白天守卫阵地，晚上主动出击，利用敌人害怕近战夜战的特点，出其不意袭击敌军，歼敌120多人。

第2次战役中，当部队前进至阳站时，被土耳其旅的一个加强营和工兵连阻挡住。上级决定拿下阳站，突击任务交给了1营。曹玉海采取灵活战术，在夺下敌两处炮兵阵地后发起猛烈进攻，一举占领了阳站。此战消灭了土耳其旅1个加强营700余人，缴获汽车130余辆、榴弹炮17门。

1951年元旦前夕，气温下降到零下20℃。在风雪交加中，曹玉海带领1营官兵迅速赶到汉雄川江边。因浮桥未架好，曹玉海带头跳进江里，武装泅渡过江，向敌人发起猛攻。此战，突破了敌人苦心经营的"钢铁防线"，深入敌人腹地40公里，歼灭美军330余人，缴获大批武器装备。

在第4次战役中，1营奉命坚守武甲山、莺子峰一带阵地，对手是十几倍于我军且装备精良的美军精锐部队。曹玉海7天7夜，不眠不休，顽强抵抗，打退敌人多次疯狂进攻，使敌人未能前进半步。1951年2月12日拂晓，美军1个团在飞机、坦克及大炮的配合下，向1营主阵地发起凶猛进攻，阵地被炸成一片焦土。曹玉海指挥部队连续打退敌人6次进攻，在敌人第7次攻击时，部队战斗减员严重，曹玉海带头冲向敌人。激战中，敌人的两发子弹打中了他的头部和胸部，曹玉海壮烈牺牲，时年28岁，他的遗体永远葬在了350.3高地上。

战后，中国人民志愿军为曹玉海追记特等功，追授他为"一级英雄"；他所在的一营被授予"英雄部队"称号并荣立集体一等功，被授予"攻守兼备"锦旗。

烈火烧身岿然不动

1952年9月下旬，中国人民志愿军和朝鲜人民军决定展开秋季反攻，发起上甘岭战役，而要取得战役胜利，须先炸掉敌军增援必经的康平桥；要炸掉康平桥，又必须先拿下391高地。从我军阵地到391高地之间，有一片3 000米宽的开阔地，是敌军的炮火封锁区，要在这样长的距离下冒着炮火进攻，必然带来极大伤亡。为缩短攻击距离，出奇制胜，上级决定在发起总攻击前一天的夜里，令主攻部队87团3营的500余名战士分别潜伏在敌人阵地的一侧，邱少云就是其中一员。

潜伏前，邱少云在向党支部提交的入党申请书中写道："宁愿自己牺牲，决不暴露目标。为了整体，为了胜利，为了中朝人民和全人类的解放事业，愿献出自己的一切。"

深夜，500名战士按预定计划迅速分散隐藏到草丛中，每个人全身上下挂满了蒿草，和周围的草丛浑然一体，从远处看，根本无法察觉。邱少云和他所在的排就隐藏于高地东边的一条长满蒿草的土坎旁边，距离敌人的碉堡仅有60米。

为消灭可能在阵地前沿埋伏的志愿军，消除战场隐患，美军的轰炸机飞临志愿军潜伏地上空，一边盘旋，一边盲目地投下燃烧弹。不幸的是，有一颗燃烧弹恰巧落在邱少云身旁的草丛中，燃起了熊熊大火，不时有火苗迸溅到邱少云的左腿上。其实这时候，只要邱少云翻一下身，就可以将火扑灭。但是邱少云心里清楚地知道，这样做虽自己可脱险，却很可能暴露目标。为了全体潜伏战友的安全和此次任务的完成，邱少云一动不动地趴在草丛中。战友们眼看着大火在吞噬自己亲爱的战友，个个心如刀绞，但是他们同样不能动，因为他们牢记部队首长的嘱咐："在任何情况下都不能暴露目标。"他们怀着对敌人的切齿痛恨，咬牙等待着战斗打响的那一刻。

就这样，为了战斗的胜利，为了战友的安全，邱少云放弃了自救，以超出常人的毅力忍受着烈火的焚烧，硬是没有发出一点声音，手指深深插入身下的泥土中，直到最后壮烈牺牲。下午5时30分，战士们带着对敌人的仇恨，奋勇冲锋，全歼敌人一个加强连，最终取得了战斗的胜利。

1953年6月，中国人民志愿军总部授予邱少云"一级战斗英雄"称号。2019年9月，邱少云荣获中华人民共和国成立70周年"最美奋斗者"称号。

黄继光舍身堵枪眼

上甘岭位于五圣山上，是志愿军中线的大门，也是扎进联合国军心窝的一把钢刀。

10月19日晚，黄继光所在的第2营奉命向上甘岭右翼597.9高地反击，上级要求必须在天亮前占领阵地，为整个反击战的胜利奠定基础。战斗打响了，但联合国军设在山顶上的集团火力点，死死压制住了志愿军反击部队的攻势，营参谋长命令6连组织爆破组炸掉它。6连向敌军阵地接连发起5次冲锋，一个又一个战友相继倒下，但一直未能摧毁敌人的火力点，这时离天亮只有40多分钟了。在这关键时刻，黄继光挺身而出，他掏出早已写好的决心书交给参谋长，恳切地说："把任务交给我吧，只要我有一口气，保证完成任务。"黄继光在决心书上写道："坚决完成上级交给的一切任务，争取立功当英雄，争取入党。"营参谋长转过身，沉思片刻，面对黄继光坚定地说："黄继光，这次任务就交给你。我任命你为第6连第6班代理班长，一定要完成任务。"

黄继光接受任务后，立即提上手雷，带领两名战士向敌军的火力点爬去，当离敌军火力点只有三四十米时，一名战士牺牲，另一名战士负重伤，黄继光的左臂被子弹打穿，血流如注。

面对敌人的猛烈扫射，黄继光毫无畏惧，忍着伤痛，一步不停地向敌军火力点前进。在距敌军火力点八九米的时候，他将手雷接连投了过去，但由于火力点太大，只炸毁了半边。部队发起冲锋时，地堡内的机枪又疯狂扫射起来。这时，黄继光已弹药用尽，身体多处负伤。为了战斗的胜利，他顽强地爬向火力点，冲着敌军狂喷火舌的枪口，挺起胸膛，张开双臂扑了上去，用自己的胸膛堵住了敌人的枪眼。

黄继光用年轻的生命为部队开辟了前进的道路。在黄继光英雄壮举的激励下，部队迅速占领了阵地，全歼守军两个营。

战后，部队追认黄继光为中共党员，授予其"特级战斗英雄"称号，朝鲜民主主义人民共和国追授他"朝鲜民主主义人民共和国英雄"称号、金星奖章和一级国旗勋章。黄继光的遗体安葬于沈阳抗美援朝志愿军烈士陵园。他大无畏的精神，犹如一面旗帜，引领着一代又一代中国人为中华民族伟大复兴而不懈奋斗。

抱着炸药包冲敌阵

1950年11月25日，中朝军队发起了第二次战役，杨根思连长所在的部队奉命开往东线长津湖地区，对敌人实施分割围歼。杨根思率领全连以一夜65公里的速度，急行军来到下碣隅里的大南里，一场激烈的围歼战开始了。

"1071"高地是被围困美军南逃的必经之路，上级把坚守"1071"高地，堵截敌人的艰巨任务交给了杨根思的3连。杨根思回到部队进行了战斗动员，决定自己带领3排防守"1071"高地前沿阵地。营长说："你和你的3排，不许敌人爬上小高岭寸步，要坚决把敌人消灭在小高岭阵地之前。"得到指示，战士们纷纷表示：人在阵地在，只要还有一个人就要守住阵地。

11月29日拂晓，敌人在飞机、大炮掩护下，以数倍于我军的兵力，向高地发起了疯狂进攻，企图夺路而逃。待敌人靠近距自己三四十米的地方时，杨根思一声令下，火力全开，打退了敌人第一次进攻。敌人恼羞成怒，集中了重炮及轰炸机，将炸弹、燃烧弹、凝固汽油弹，倾倒在这座小山顶上，阵地成了一片火海。与此同时，敌人又用8辆坦克掩护两个连的步兵，向高地发动了集团冲锋。杨根思率领战士用炸药包炸毁了敌人的坦克，又一次粉碎了敌人的进攻。

残酷的战斗使3排伤亡严重，全排只剩下五六个人，弹药也不多了。杨根思利用战斗间隙，命令打光了子弹的重机枪排长撤下阵地，照顾伤员。最后，阵地上只剩下杨根思一个人了。他搜集了阵地上能够使用的每一件武器和仅有的一包炸药，选择好地形隐蔽起来，准备迎接再一次战斗。

一阵炮火过后，原以为志愿军早已悉数阵亡的敌人又向小高岭进逼。这时，杨根思突然站起来，向敌人猛烈射击。当四五十个敌人再次冲到跟前，杨根思子弹已用尽，他毫不犹豫地点燃了炸药包的导火索，一跃而起，冲向敌群。随着一声响彻云霄的巨响，杨根思用宝贵的生命履行了"人在阵地在"的誓言。杨根思为保卫祖国、为朝鲜人民的解放和世界和平壮烈牺牲，年仅28岁，"1071"高地成为敌人永远无法跨越的屏障。

1952年5月，中国人民志愿军总部将杨根思生前的连队命名为"杨根思连"，为杨根思追记特等功，授予他"中国人民志愿军特级英雄"称号。

一人俘虏 63 个英国兵

1951年4月24日，刘光子所在的志愿军第63军187师在朝鲜雪马里地区完成了对英军格洛斯特营的包围。

格洛斯特营参加过两次世界大战，有"皇家陆军双徽营"之称，堪称精锐中的精锐。

这支部队被志愿军包围后，联军总司令李奇微亲自飞到朝鲜，发誓不惜一切代价救出该部。

然而，因受到志愿军的勇猛阻击，美军第3师尽管动用了飞机、坦克、大炮，却始终无法与相距不到3公里的格洛斯特营会合。

4月25日，志愿军对这支王牌部队发起最后攻击。一番激战后，英军很快被打得四处溃逃。

雪马里地区方圆百里，地形复杂，志愿军只能分头追击逃敌。这天中午，担任战斗组长的刘光子，带领两名新兵冲到一个小高地上，俯窥发现山梁下有一百多号敌人乱糟糟地正准备携炮逃走。刘光子端起冲锋枪就是一阵猛扫。接着，他让两名战士爬在大石头后面射击掩护，自己一马当先冲下山去。

距敌数十米时，刘光子迅速投出一颗"飞雷"，一下就炸倒了一片英军。借着浓浓硝烟，他一边奋勇冲击，一边大喊："一营向左，二营向右，给我冲！"

此时，被打得晕头转向的英军，根本就不知道"从天而降"的到底有多少志愿军。刘光子冲到英军阵地前，用战前学的那点英语大喊一声："缴枪不杀！"没想到敌人全部举起了手。

看到眼前黑压压地站了一群英军，说心里不紧张是假的。但刘光子思维敏捷，他向空中"哒哒哒"扫了一梭子弹后，马上大喊："立即站队，集合！"

当英军拥挤着站好队，发现我军只有一个人时，接着就有几个敌人捡起枪试图向他射击。刘光子动作敏捷，迅速扣动扳机，一梭子弹就放倒了好几个敌人，剩下的敌人吓得再也不敢反抗。

刘光子将子弹压满，一手扣着冲锋枪扳机面对敌人，一手高举手雷，向我方押送俘虏。途中又有一部分敌人要逃跑，他扔出一颗手雷，当时就炸倒了一片。刘光子威严地大喊："别跑，谁跑我就打死谁！"就这样，在场的所有英军都被他的气势给"震"住了。

刘光子老实、腼腆，虽然干了惊天动地的大事，却不好意思向部队首长汇报。部队清点俘虏后，一时找不到活捉63个英军俘虏的英雄，部队领导自然要认真调查。后来，那两名新兵沉不住气了，才对部队领导说："这些俘虏是我们组长刘光子捉的！"团领导听了这话着实吃了一惊：

"他一人能俘虏63个英军？这可是英军王牌格洛斯特营的

一个炮兵连啊！"

1951年底，志愿军总部授予刘光子"孤胆英雄"荣誉称号，记一等功。1952年，刘光子回国后，受到毛泽东、周恩来的亲切接见。1953年，世界青年联欢大会在莫斯科举行，斯大林接见了传奇英雄刘光子，称赞他是名副其实的"孤胆英雄"。

冰雕连

1950年冬，朝鲜长津湖畔，到处白雪皑皑，人走在雪地里只能露出上半身。50年不遇的严寒，使长津湖地区出奇的冷。

从中国长江以南淞沪地区紧急开进朝鲜战场的志愿军第9兵团，战士们当时还都穿着单衣，就与武装到牙齿的美军展开了殊死较量。

美军不仅有飞机、大炮等先进武器，士兵的抗寒衣物样样齐全，连、排、班甚至还有小汽油炉、电炉等取暖设备。而志愿军第9兵团的官兵，衣裳单薄，每天的口粮只有几个冻得像石头一样的土豆。

11月28日，第9兵团59师177团2营6连奉命固守死鹰岭高地，配合第27军阻击美陆1师南逃。死鹰岭的环境非常恶劣，当地人称："老鹰飞上去都会死掉。"就是在这样严酷的环境下，官兵们埋伏在零下40℃的雪地里一动不动，等待伏击南逃的美国军队。

仓皇南逃的美军"王牌军"海军陆战队第1师，他们戴着手套、棉帽，穿着风雪大衣和防水鞋，背着睡袋。逃窜中，指挥官突然大喊一声："停止前进！"他迅速掏出望远镜瞭望，只见一排排志愿军战士正在向他们瞄准，但是并没有攻击。几个胆大的美军爬上志愿军阵地时，吓得半天没回个魂来。原来，展现在他们面前的中国人民志愿军129名指战员，作战阵形完整，有的手握手榴弹，有的正在瞄准，有的目视前方，个个做好战斗准备。可是，这些志愿军指战员早已冻死在阵地上，仿佛一组英雄群雕。在这样一支气壮山河的英雄部队面前，这支在太平洋战场上，残忍、骄横、打过无数次胜仗的美国"王牌军"的指挥官，也不得不低下了他那高傲的头，向"冰雕"志愿军指战员致敬，感叹道："这样的军队真的无法战胜！"

也许站起来活动一下就不会冻僵，也许点把火烤烤身子就不会冻死，但是没有一个战士那样做。因为大家明白，任何一个动作都有可能暴露目标。"冰雕连"官兵如烈火中的邱少云，为了战斗的胜利，宁死也绝不后退半步。战后，从该连牺牲的上海籍战士宋阿毛身上，找到一张草草写满字的小纸片：

我爱亲人和祖国，更爱我的荣誉，我是一名光荣的志愿军战士。冰雪啊！我决不屈服于你，哪怕是冻死，我也要高傲的（地）耸立在我的阵地上。

罗盛教冰窟救儿童

1951年4月，罗盛教响应党的号召，参加了中国人民志愿军，任志愿军第47军141师侦察队文书。

1951年冬，侦察连奉命到城川郡石里休整。正月初二早晨，出完早操，罗盛教记起河边还扔着的两个没爆炸的手榴弹，便和战友宋惠云踏着厚厚的积雪沿河去寻找。玻璃一样的河面上，有几个朝鲜少年在滑冰。

突然传来了惊叫声："崔莹掉到河里去了！"罗盛教闻声，像离弦之箭朝河边冲去。他一边跑，一边连撕带扯地脱下棉衣。当他气喘吁吁地跑到出事地点时，身上只剩下一层单衣。

罗盛教甩掉脚上的大头鞋，冒着零下20℃的严寒，纵身钻进了冰窟窿。冰层下的河水冲得他来回摆动，忍着刺骨的寒冷，在水中连摸了两次都没有找到崔莹，他把头露出水面，深深地吸了一口气，第三次钻进冰水里。

这时，罗盛教的战友宋惠云也紧随其后赶来，不会游泳的他望着冰窟窿干着急。罗盛教终于找到了崔莹，用力把崔莹托出水面。崔莹迷糊着眼，两手乱抓，费了好大劲才抓到冰窟窿的边沿。眼看快爬上冰面了，突然"咔嚓"

一声，冰沿崩塌了一块，崔莹再一次掉入水中，冰窟窿越来越大。

这时，罗盛教吃力地喘着气，全身冻得青紫，血液都快要凝固了。他顽强地把头一甩，咬紧牙关一下子又沉到了水底，崔莹再次被罗盛教用肩膀托出水面。罗盛教开始在水底摇晃不定，崔莹抓着冰沿往上爬，冰窟窿边沿又塌下了一大块，崔莹又落入水中。宋惠云一看这样不行，赶忙跑到村口抱起一根电线杆就往河边拖去。

此刻，罗盛教冒出水面，只见他脸色紫里透黑，嘴里喷着水泡，实在支持不住了。想到崔莹还在冰窟窿里，他一抿嘴又沉到水底。这次时间比较长，罗盛教找到崔莹，双脚踏着河底的碎石，他竭尽全力用头把崔莹顶出水面，正好宋惠云把电线杆子伸过来，崔莹抱住电线杆，终于被救了上来。

可是，已经筋疲力尽的罗盛教被河水冲到冰层下流去了。等闻讯的人们带着斧子、铁锤蜂拥而至，凿开冰块从下游把罗盛教打捞上来时，他已经停止了呼吸。21岁的中国人民的好儿子罗盛教，用他年轻的生命，谱写了国际主义的壮丽诗篇。

1952年2月，中国人民志愿军领导机关为罗盛教追记特等功，同时授予他"一级爱民模范"称号。1953年6月，朝鲜民主主义人民共和国最高人民会议常任委员会追授他一级国旗勋章及一级战士荣誉勋章，将安葬他的佛体洞山改名为罗盛教山。

"为了胜利，向我开炮！"

电影《英雄儿女》中的王成是家喻户晓的志愿军英雄形象，他那"为了胜利，向我开炮！"惊天动地的呐喊，激励着几代中国人。

作为王成原型之一的于树昌，是山东莱阳人，1948年8月入伍，先后参加了淮海战役、渡江战役和解放上海的战斗。新中国成立后，他所在部队在福建沿海训练，准备解放台湾。朝鲜战争爆发后，他随部队北上，参加了抗美援朝战争。

1956年出版的《志愿军一日》中的《向我开炮》一文，详细讲述了于树昌在阵地上只剩自己一人时，呼唤炮火支援，机智勇敢杀敌，直至与敌人同归于尽的战斗场面。

朝鲜铁原郡西北的281.2高地北侧，有一个敌我双方反复争夺的无名高地。1953年6月29日晚10时许，志愿军第73师218团5连1排再次攻占了无名高地。到了深夜，敌人援军赶到，发起疯狂反扑。战至30日天明时分，配属给5连1排的步话员于树昌向团指挥所报告说，阵地上只剩下他一人了。

团长孙斌从通信排长孙绍钧手里拿过话筒，亲自对于树昌说："目前是每坚持一分钟，都会给将来的全线反击增加一分胜利！"

于树昌坚定地回答"我是共产党员，保证坚持到底，我在阵地在！"

上午11时许，敌人在对无名高地实施炮火袭击后，调集一个加强连的兵力，分别从东西两侧，向无名高地发起攻击。

无名高地是281.2高地的一条山腿，在主峰火力的直接威胁和控制下。于树昌只好躲在一个地堡里，用步话机呼叫调动着我方炮火，打退敌人一次又一次的进攻。

孙团长命令参谋们把于树昌调动炮火歼敌的战绩通报给各部队，整个阵地上都在关注着他那里的战况，所有步话机都调到与他步话机同样的波长，直接收听着他的声音。

孙团长始终守在步话机旁，倾听着于树昌的每一句话，指挥他进行战斗。

中午12时，敌人从三面涌向无名高地，发起第5次猛攻。

于树昌呼叫："敌人离我只70公尺，要猛打！"

"快打我地堡周围50公尺，快！快！"

孙团长大声问："你地堡积土多厚？"

"1号，别问了，快打炮！要用大家伙！"

孙团长急忙朝炮群一挥手，炮群指挥对着步话机话筒喊道："急射！"一发发愤怒的炮弹射向无名高地。

紧接着，于树昌再次紧急呼叫："敌人上了我的地堡顶，向我开炮！为了胜利，向我开炮！"

最后，步话机中留下一阵高呼："首长同志，亲爱的同志们！再见了！祖国万岁！"于树昌毅然拉响了最后一颗手榴弹，耳机里传出一声震耳欲聋的爆炸声。随后，一切都沉寂了。

孙团长瞪着火辣辣的眼睛，狠狠地抓起话筒，大声喊道："全部炮火，开炮！"

黄昏时分，当我们的反击部队攻上无名高地时，阵地上仍保持着白天激战的面貌，漫山遍野都是敌人的尸体。于树昌所据守的那座地堡，一半已经坍塌，他手指上还套着手榴弹的拉环，身旁是那部砸碎了的沾满血迹的步话机。

抬担架的"指挥员"

1950年11月，在解放战争中身经百战、屡立战功的王德明，随部队入朝参战，担任志愿军第26军227团5连担架员。因为他曾身负数十次重伤，患有神经性头痛，就是这个职务，也是三番五次向上级申请才争取来的。虽不是一名战斗员，但王德明却很满足："只要能上前线，让我干啥都行！"

第4次战役打响后，王德明所在的连在汉滩江南岸担负阻击敌军任务。敌军派出大量飞机和坦克对我阻击阵地进行了狂轰滥炸，火力非常凶猛，王德明所在的5连损失惨重。连队的伤员运不下来，弹药送不上去，这可急坏了王德明。危急关头，他第一个跳下冰冷刺骨的汉滩江，涉水过河，往返运送弹药和伤员。

一次，王德明刚刚运送两箱手榴弹到阵地上，发现连队出现了短暂的混乱，他赶紧上去询问情况。原来，排以上的干部全部牺牲或负伤了，连队暂时没有人指挥，战士们不知道这仗怎么打才好。

紧急时刻，王德明站了出来，对大家说："大家不要乱！我是党员，是老兵，现在听我指挥！"说完，他根据以往的战斗经验，理清当前的作战情况，迅速做出了部署：以10名战士正面防守，剩余5人在侧翼的机枪阵地进行火力打击。

简短布置后，敌人已经黑压压地冲了上来。王德明沉着指挥，亲自带1名战士坚守左翼机枪阵地，很快打退了敌人的第一次攻击。

敌人被打退后，王德明立即下令跳出战壕捡弹药，然后迅速调整兵力。当敌军第二次发起冲击时，王德明一声令下，15名战士手榴弹齐发，炸得敌军狼狈而逃。

敌军很快发起了第三次冲锋，而此时，我方的弹药已经不足，无法再拼火力。王德明轻轻抚摸了一下手中的刺刀，坚定地说："兄弟们，是时候拼刺刀了！打完弹药，听我号令，杀他个片甲不留！"

敌军再度冲上来时，战士们再一次顽强阻击。弹药打完后，王德明甩掉了机枪，抽出刺刀，第一个跃出战壕，直接冲着敌军指挥官杀去。战士们在他的带领下同时冲出战壕，杀声震天。敌军被我军冲天的斗志吓傻了，纷纷撤退。随后，我方增援人员也赶到了，牢牢地守住了阵地。

这一战，王德明一人歼敌39人，荣立特等功，被授予"一级英雄"荣誉称号。

身残志坚的极限人生

　　1950年，在淮海战役和渡江战役中屡立战功、年仅17岁的朱彦夫，又走上了抗美援朝、保家卫国的战场。

　　这年冬天，朱彦夫所在部队经过浴血奋战，成功拿下了250高地。来不及休整，他们就接到命令：死守高地。

　　在零下30℃的严寒中，炮弹像雨点般砸在高地上，朱彦夫和战友们舍生忘死，在没有后勤补给和弹药补充的情况下，硬是打退敌人十多次进攻，但我军也伤亡惨重。到第三天，仅剩一人的朱彦夫也被手榴弹炸昏，身负重伤倒在了阵地上。

　　昏迷中，朱彦夫觉得还在与敌人战斗。他越打越渴，越打越饿，一块黏糊糊的血肉顺着鼻梁滑到嘴边，他本能地一口吞了下去。彼时的朱彦夫哪里知道，他吞下去的竟是自己的眼球。

　　从战场上幸存下来的朱彦夫，先后做了47次手术，两腿从膝盖以下截去，两手从手腕以下锯掉，失去了左眼，右眼的视力仅剩0.3。

　　失去四肢和左眼的朱彦夫想到死，但连死的能力都没有了。冷静后的朱彦夫很快重新燃起了斗志。"身体虽然残废了，但我的心还是完整的，我要用一颗火热的心报答党和人民。"朱彦夫说："为了死去的战友，也必须活下去。"

1957年春，朱彦夫主动放弃荣军休养所特护待遇，毅然回到家乡——沂源县张家泉村，担任了村党支部书记，在人生的第二个"战场"上，与乡亲们一起奋斗。

为了让村民早日用上电，朱彦夫跑油田、去上海、闯西安、下南京……先后79次外出，行程约35 000公里，历尽千辛万苦，终于备齐了价值20多万元的架电材料。1978年12月，全长约10公里的高压线路跨过一道道山梁、一道道沟壑，终于接到了村里，让张家泉村结束了点油灯的历史。

全县第一个有拖拉机、第一个平均亩产过600斤、全乡第一个用上电、村民人均收入第一……朱彦夫带领张家泉村人创造出一个个第一。

为了战友的嘱托，为了让更多人珍惜革命先烈用生命换来的和平与美好，朱彦夫拖着残肢，奔走大江南北，44年间无偿做报告1 000余场。

朱彦夫感到做报告仍有局限，他决定写一本书。

为了写书，他翻烂了四本字典。他用残臂翻页，有时干脆把脸贴在字典上，用舌头一页一页地舔……刚开始，他用嘴衔笔写字，每天只能写十几个或几十个字，口水连着汗水，泪水和着墨水，弄得字迹模糊。后来，他用残臂夹笔，每天能写上百个字，甚至五六百字。儿女们劝他口述，但他坚持自己写，他已把写作当成磨砺意志的方式。

整整7年，一天学没上过的朱彦夫，先后七易其稿，终于出版了33万字的长篇小说《极限人生》。

2019年9月17日，国家主席习近平签署主席令，朱彦夫作为为新中国建设和发展作出突出贡献的功勋模范人物，被授予"人民楷模"国家荣誉称号。

常香玉义演捐赠战斗机

1951年夏天，中央人民广播电台播报了一条来自抗美援朝前线的消息：中国人民志愿军某高地遭受百余架敌机狂轰滥炸，全连战士壮烈牺牲。新闻播出后，举国震惊。

听到这个消息后，常香玉一夜没睡。第二天一大早，就忍不住对丈夫陈宪章说："我们国家武器装备落后，志愿军在朝鲜打得太艰苦了，咱们捐架飞机，中不中？中咱就干。"陈宪章说："中，干吧！"

据常香玉的二女儿陈小香介绍，常香玉曾经这样说过："解放以后，我再也不是'下贱'的戏子了，我要保护我们这个国家，我要爱我们这个国家。当时全国人民都起来捐献，剧社捐献了三天的演出我觉着少，就想着捐献一架飞机。"看似简单而朴素的想法，实为可贵的爱国之心。

捐献飞机的想法很好，但常香玉只是西安城里"香玉剧社"的社长，手里并没有多少钱。当时，捐赠一架战斗机，需要旧币15亿元。这对于一个普通家庭来说，可谓天文数字。剧社里有个师傅对她说："你这就是痴人说梦，凭你的家底，连一架机关枪都不一定捐得了，你还捐飞机大炮呢。"但性格倔强的常香玉毅然决然地说："我们进行义

177

演，有人看戏这不就有钱了吗？咱们半年不行就一年，一年不行就两年，不信完不成。"

随后，常香玉变卖了自己所有的首饰，包括孩子的金锁，还有一辆演出时使用的大卡车，筹集了旧币4 000万元的启动资金。就这样，常香玉把自己3个幼小的孩子安置在托儿所，带领"香玉剧社"辗转全国各地，开启了长达半年之久的义演。演出过程中，当地政府表示要给她一些补贴，都被她婉言拒绝了。常香玉说："既然要做这件事，我就要用演出的钱捐这架飞机。"

"香玉剧社"义演的第一站选择了河南开封。常香玉回忆起当时的情况时说："到开封我就病了，脸肿牙也疼，晚上睡觉时我恨不得把床单撕烂。但要捐献一架飞机，这么重大的任务，怎么能一出来就不演了，于是我就硬顶了过去。"

为了筹措这笔巨资，常香玉的丈夫、编剧陈宪章改编了新剧，将京剧《木兰从军》改编成了豫剧《花木兰》。也正是这部作品让常香玉家喻户晓，而剧中的经典选段《谁说女子不如男》，不仅是花木兰的写照，也是常香玉一生的写照。

从1951年8月到1952年2月的半年间，常香玉率领剧社辗转陕西、河南、广东、江西等地，义演170多场，演出所得旧币约15亿元。

当年随剧社义演的剧评家荆桦回忆说，剧社的每场演出都是满员，当时一张戏票的价格是2万元，但不少观众非要用3万元、5万元甚至10万元买一张票。售票员不同意，观众就把钱硬塞进窗口。在广东，观众大都听不懂豫剧，但大家说看戏是为了爱国。

常香玉义演捐赠的米格15战斗机被命名为"香玉剧社号"，现陈列在中国航空博物馆。常香玉捐献飞机一事，也释放出强大的明星效应，一时成为全国关注的事件，点燃了全国人民的爱国热情，人民纷纷慷慨解囊。众多姑娘把自己的嫁妆都捐了出来，有的老人把一生的积蓄献了出来。据资料显示，到1952年6月，全国人民的捐款可购战斗机3 710架。

1953年3月，常香玉率领剧社的40多位演职人员，奔赴抗美援朝前线进行了近半年的慰问演出。他们不畏艰险，深入一线，把祖国人民的温暖送到每个战士的心坎儿上。那时，香玉剧社的演员大多是十二三岁的孩子，当志愿军将士看到这些孩子们来到炮火连天、硝烟弥漫的朝鲜战场时，感动得热泪盈眶。

太行山腰劈天河

周恩来总理曾自豪地告诉国际友人："新中国有两大奇迹，一个是南京长江大桥，一个是林县的红旗渠。"如今几十年过去了，红旗渠早已闻名全国，而其缔造者杨贵却鲜为人知。

1954年4月，26岁的杨贵被任命为河南省林县县委书记。早在山中打游击时，他就听说过，林县十年九旱，老百姓平时都不洗脸，长年累月不洗衣服，只有在婚丧嫁娶这些大事来临时，才舍得去缸里舀出一点点水来。

来到林县工作后，杨贵暗下决心，一定让林县人民过上不缺水的幸福日子。他组织县委一班人制定了"充分利用好河里的水，挖掘出地下的水，蓄存住天上的水"的规划，带领群众打了很多旱井，相继修建了抗日渠、天桥渠、英雄渠及3个中型水库。

就在杨贵为林县人民生活将得到改善而欣慰时，1959年的一场大旱又将他的美好愿望击了个粉碎。这场大旱使流经林县的几条河流全部断流，已建成的渠道无水可引，水库无水可蓄，打下的旱井也已干涸。面对这些形同虚设的水利设施，杨贵从陶醉中清醒过来——必须得走出林县找水源。

1959年6月，林县派出了3个调查组，顺着漳河、淇河和淅河逆流而上，寻找新的水源。很快，他们就把目标锁定在山西省平顺县境内的漳河上。漳河最大流量达7 000立方米每秒，常年流量30立方米每秒，即使在枯水季节也不少于10立方米每秒。

1960年春节刚过，杨贵就带领近4万名修渠民工，自带口粮、被褥和简易工具进驻了工地。

当时，正值我国三年困难时期，许多地方的群众断了口粮。在这种情况下，1960年11月，中央发出通知，全国实行"百日休整"，基本建设项目全线下马。

作为县委书记，杨贵明白，如果执行上级政策，工程停下来，红旗渠很可能就会因此夭折，如果不停，又违反中央政策。最后，杨贵提出了一个折中的办法：绝大部分民工回生产队休整，留下300多名青壮劳力，继续开凿二期工程的咽喉——600多米长的"青年洞"。

杨贵的这一折中方案却授人以柄，一些别有用心的人到上面告了杨贵的状。为此，杨贵还遭到了批判和迫害。

1968年4月，在周恩来总理的特别关照下，重新开始工作的杨贵，带着近万名民工再次奔赴红旗渠修建工地。到1969年7月，整整一年时间，杨贵和他的挖山勇士们共修建了41条支渠，终于使红旗渠工程彻底告竣。

当看到支渠上插着的红旗迎风飘扬时，杨贵却跑到一个没有人的地方哭了。他对着太行山大喊："总理，我建完了红旗渠，我终于交了一份满意的答卷！林县的老乡们，我终于可以让你们有水吃了！"

红旗渠是林县人民在极其艰难的条件下，从太行山腰修建的引漳入林工程，历时近十年，共削平1 250座山头，架设151座渡槽，开掘211个隧洞，挖砌土石2 225万立方米，总干渠长70.6公里，干渠支渠分布全县乡镇，被誉为"人工天河""世界第八大奇迹"。

"古有都江堰，今有红旗渠；古有李冰，今有杨贵。"成为后人对杨贵的高度赞誉。

她把"男女同工同酬"推进宪法

　　申纪兰1929年出生于山西省平顺县南底村一个贫苦农民家庭。抗日战争时期，她就担任过村里纺花织布小组的组长，带领姐妹们积极拥军支前。嫁到西沟村后，她就积极参加生产劳动。1951年底，西沟村成立了初级农业合作社，她被选举为副社长。

　　申纪兰上任后的第一件事，就是动员和带领社里的妇女，走出庭院和男人们一样下田劳动。可在当时，太行山区还流行着"好男人走到县，好女人不出院"的古训。要使妇女离开锅台、炕台和碾台，走出院门下田劳动，确实不是一件易事。

　　为让妇女真正得到解放，申纪兰走家串户，向妇女宣传"只有劳动才能获得解放、提高地位"的道理。经过申纪兰苦口婆心的动员，终于有22个妇女愿意下田参加集体生产劳动。可在当时，按社里的规定，男人下田干一天活记10个工分，妇女只能记5个工分。不平等的报酬挫伤着妇女参加劳动的积极性。

　　对此，申纪兰和社里的妇女们很不服气，决心与男人们比试比试。申纪兰经过申请，社里专门给妇女划出一块地。于是，申纪兰带领西沟村的妇女，在太行山上与男人们展开了一场"劳动竞赛"，坚决争取到"男女干一样的活挣一样的工分"。刚开始，男社员根本不把竞赛放在眼里，该休息就休息。谁知，被发动起来的妇女为了争取自己的地位和权益，始终争分夺秒地劳动。最终，妇女们赢得了竞赛。

这场劳动竞赛在西沟村引起不小的反响，产生了意想不到的效果，男社员心服口服，开始支持男女同工同酬。从此，西沟村的妇女令男人们刮目相看，不再受歧视。

当初，申纪兰并没有意识到，她带领西沟村妇女与男社员开展"劳动竞赛"所取得的成果，在新中国农村发展史上具有的重大历史意义和现实意义。

全国妇联和山西省妇联得知此事后，专程来到西沟村进行考察，帮着申纪兰出谋划策。在妇联的支持下，申纪兰带领西沟村妇女提高劳动技能，社里还设立了农忙托儿所，使妇女能专心致志地参加劳动。

1952年，西沟村开始实行"男女干一样的活，记一样的工分"，实现了男女同工同酬。

1954年，申纪兰当选为全国人大代表。在同年9月召开的中华人民共和国第一届全国人民代表大会上，申纪兰提出的"男女同工同酬"建议，被写入了中华人民共和国第一部宪法。

申纪兰是全国唯一一位连任13届的全国人大代表。在她60多年的代表生涯中，引黄公路、太旧高速公路建设、中西部开发、村村通水泥路、修公路不能侵占耕地等一系列凝聚着她心血、汗水的议案、建议，在她和其他全国人大代表的提议下变成了现实。

2018年12月18日，中共中央、国务院授予申纪兰"改革先锋"称号，颁授"改革先锋奖章"。2019年9月17日，国家主席习近平签署主席令，授予申纪兰"共和国勋章"。同年9月25日，中共中央宣传部等11部委授予申纪兰新中国成立70周年"最美奋斗者"荣誉称号。2020年6月28日，申纪兰在山西长治逝世，享年91岁。

宁可少活二十年，也要拿下大油田

　　1959年，王进喜作为石油战线的劳动模范到北京参加中华人民共和国成立10周年庆典。当他看到大街上的公共汽车车顶上都背个大气包时，奇怪地问："背那家伙干啥？"别人告诉他："因为没有汽油，烧的煤气。"这话像锥子一样刺痛了他，他曾多次向工友们说："一个人没有血液，心脏就会停止跳动。国家没有石油，天上飞的，地上跑的，海上行的，都要瘫痪。没有石油，国家有压力，我们要自觉地替国家承担这个压力，这是我们石油工人的责任！"

　　1959年9月26日，松基三井喷出了工业油流，宣告大庆油田的正式发现，一场规模空前的石油大会战随即展开。王进喜从西北的玉门油田率领1205钻井队赶来，加入了这场石油大会战。

　　一到大庆，首先摆在王进喜面前的是许多难以想象的困难：没有公路，车辆不足，吃住都成问题。但王进喜和他的同事下定决心：有天大的困难也要高速度、高水平地拿下大油田。钻机到了，吊车不够用，他们用滚杠加撬杠，靠双手和肩膀，迎着寒风奋战3天3夜，把40米高、60吨重的井架树立在荒原上。要开钻了，可水管还没有接通。王进喜振臂一呼，带领工人到附近水塘里破冰取水，硬是用脸盆、水桶，一盆盆、一桶桶地往井场端了50吨水。在重重困难面前，王进喜带领全队仅用5天零4小时就钻完了大庆油田的第一口油井。在随后的10个月里，王进喜率领1205、1202钻井队，双双创造了年进尺10万米的奇迹。

在那些日子里，王进喜身患重病也顾不上去医院；几百斤重的钻杆砸伤了他的腿，他挂着双拐继续指挥。由于地层压力太大，第二口井打到700米时发生了井喷。当时没有压井用的重晶石粉，王进喜当即决定用水泥代替。没有搅拌机，成袋的水泥倒入泥浆池却搅拌不开，王进喜就甩掉拐杖，奋不顾身地跳进齐腰深的泥浆池，用身体搅拌。最后，井喷终于被制服，可是王进喜却累得站不起来了。房东赵大娘心疼地说："王队长，你可真是铁人啊！"

"铁人"的名字就这样传开了。

王进喜以"宁可少活二十年，也要拿下大油田"的顽强意志和冲天干劲，为祖国的石油事业日夜操劳，终致积劳成疾，于1970年患胃癌病逝，年仅47岁。

王进喜留下的"铁人精神"，成为中国社会主义建设的宝贵财富，激励了一代代石油工人奋勇拼搏。

2000年，王进喜被评为"百年中国十大人物"；2009年，被评为"100位新中国成立以来感动中国人物"；2019年9月，荣获中华人民共和国成立70周年"最美奋斗者"称号。

科学没国界，科学家有祖国

  1955年10月8日，钱学森回到了久违的祖国。

  第二天一大早，他就急切地带着夫人和孩子来到了天安门广场。仰望着雄伟的天安门和鲜红的五星红旗，钱学森热泪盈眶："祖国，母亲，您的儿子回来了！"为了这一天，他在煎熬中等待了漫长的5年。

  1934年，钱学森带着求学强国的理想，远赴美国留学。10年寒窗苦读，刚刚36岁的钱学森誉满世界。他被美国麻省理工学院聘为终身教授，不仅得到了极高的荣誉，还拥有了舒适的生活、优越的工作和许多人向往的美国居住权。

  1949年10月1日，得知中华人民共和国成立的消息后，钱学森兴奋难抑，激动地对夫人蒋英说："祖国已经解放，我们该回去了！"埋藏多年的愿望强烈地撞击着他的胸膛，在他的血液中沸腾。

  留学生中有人给他泼冷水："祖国刚解放，要钱没钱，要设备没设备，现在回去搞科学研究，只怕很困难。"钱学森坚定地回答："我们日夜盼望着的，就是祖国能够从黑暗走向光明，这一天终于来到了。祖国现在是很穷，但需要儿女们共同去创造。我的事业在中国，我的归宿在中国。"

钱学森回国的决定令美国军方感到了强烈的不安。美海军部副部长直言不讳："钱学森无论走到哪里，都抵得上五个师。宁可枪毙他，也不要放他回国。"

就在钱学森把行李装上轮船准备回国的时候，美国海关以莫须有的罪名扣留了他，硬说他的笔记本中藏有重要军事机密，诬蔑他是中国"间谍"。

1950年8月，在钱学森一家人准备乘坐加拿大班机离开美国时，美国国防部又以莫须有的罪名在海关扣留了他。几天后，美国司法部又逮捕了钱学森。在关押期间，他们不停地折磨钱学森，企图从精神上拖垮他，迫使他放弃回归祖国的念头。

肉体和精神上的非难和折磨，丝毫没有动摇钱学森回国的决心。

1955年5月，钱学森从《华侨日报》上看到自己家的世交陈叔通与毛主席在一起的图片。钱学森马上给陈叔通写了一封信，夹在夫人蒋英写给在比利时的妹妹的信里，请他想办法帮助他回国。

陈叔通接到信后丝毫不敢耽搁，当天就将信转给了周恩来总理。周总理非常重视，命令外交部火速把信转给正在日内瓦参加中美大使级会谈的王炳南大使，并就钱学森归回事宜与美方进行交涉。美国起初不肯承认扣留钱学森的事实，当王炳南大使出示了钱学森的信后，美国大使哑口无言，不得不同意钱学森回国。

　　1955年10月1日，钱学森一家终于登上轮船，回到了祖国的怀抱。他满怀深情地说："科学没国界，可是，科学家有祖国。"钱学森的归来，让中国的"两弹一星"研制进程显著提速，向前推进至少20年。

埋名戈壁干伟业

邓稼先是中国第一枚原子弹的主攻手，他的一生为中国的国防事业默默奉献，不计名利，堪称典范。

1948年，邓稼先以优异的成绩考取了美国普渡大学研究生，进行粒子物理方面的深造和研究。

新中国诞生的消息传到了大洋彼岸，邓稼先的心情再也平静不下来了，决定学成后归国报效祖国，仅用两年的时间便获得了博士学位。1950年8月29日，他冲破美国的重重阻挠，登上威尔逊总统号轮船，踏上了归国的路程。

回国后，邓稼先参加了正在进行的创建中国近代物理所的工作。1958年的一天，邓稼先被钱三强所长选为研究中国第一枚原子弹的主攻手，而要求就是要严格保密。此后，邓稼先的名字从公开出版物上消失了，许多亲朋好友都与他失去了联系，甚至连他的妻子也不清楚他的具体去向。邓稼先默默开始了他28年的戈壁核研究工作。

当时正值三年自然灾害时期，饥荒遍及全国。邓稼先和科技工作者们也不例外，有时连顿饭也不能保证，夜晚还得加班加点工作。没有充足的资料，邓稼先就费尽心机地搞到了三本核物理研究方面的俄文原版书。邓稼先除了带领大家读书译书外，还要讲课、备课，为同事们指出正确的研究途径。他睡觉睡得很少，常常是讲完课，站在黑板前就打起瞌睡来。如此这般，像吃烤苞米，一粒一粒地嚼，到了春节，他们终于消化了这些书。

接下来的是最为困难的数据计算。由于只有一台手摇式计算机和一台电动计算机，不得不三班倒，上机轮空的，邓稼先就让他们用计算尺和算盘辅助计算。可是，忙了大半年，9次运算得到的结果与顾问给出的数据却大相径庭。当著名物理学家周光召对他们9次计算的结果做出了肯定的论证时，邓稼先终于露出了久违的笑容。翌日，他郑重地签署了中国第一颗原子弹总体设计方案。

核辐射和爆炸对生命安全威胁极大。为了获得第一手资料，每次试验邓稼先都冲在最前面。

一次，原子弹航投试验时，降落伞出现故障，导致原子弹坠地摔裂。邓稼先深知核辐射的危害，他却抢先上前，把摔破的原子弹碎片拿在手里仔细检验。

后来，医院检查发现他的小便中带有放射性物质，肝脏受损，骨髓里也侵入了放射物。但邓稼先不顾自己的身体，仍然坚持奋战在核试验的第一线。在恶劣的环境和高强度的工作条件下，邓稼先的身体状况越来越差。最终，他因核辐射患上了直肠癌，于1986年7月29日逝世。临终前，他担心的仍是我国尖端武器方面的发展。他最后留下这样一句话："不要让人家把我们落得太远……"

邓稼先在茫茫戈壁隐姓埋名，一干就是28年。直到

1999年国家公开表彰"两弹一星"功勋人物时，人们才知道了他的名字。去世前，著名物理学家杨振宁看望他时，问及国家为研发"两弹"给他发了多少奖金。邓稼先竖起两根指头说："20元！原子弹10元，氢弹10元。"

"国家需要，我就去做"

　　21岁时，孙家栋应召入伍，随后获得去苏联学习飞机制造的机会。求学7年，他带着"斯大林金质奖章"，登上了归国的列车。

　　1967年，钱学森亲自点将，37岁的他成为中国第一颗人造地球卫星"东方红一号"的技术总负责人。在没有资料、没有经验、没有专家的窘境下，研制"上得去、抓得住、听得着、看得见"的卫星，难度可想而知。但当时，国外卫星纷纷上天已成事实，时不我待，再晚就要成为中华民族的"罪人"了。抱着这样的心态，孙家栋投入到忘我的工作中。

　　1970年4月24日，中国第一颗人造地球卫星"东方红一号"发射成功。那一年，孙家栋41岁。

　　1974年11月5日，由孙家栋担任技术负责人的中国第一颗返回式遥感卫星在升空20秒后爆炸。"我跑出地下室，只看见沙漠里一片火海，整个脑子一片空白，不由得痛哭起来。"之后的3天3夜，孙家栋和同事们在滴水成冰的沙漠里，一寸一寸地找火箭的残骸，把所有的螺丝钉、小铜块、小线头一点点收集起来，查找事故原因。最终发现是火箭控制系统内的一小段导线，在火箭发射时受到剧烈震动断开了。

"一个裂痕就牵扯到整个航天产品的成败，这个教训太深刻了！"就像恩师钱学森当初所做的那样，孙家栋承担了失败的责任。"从此我们就狠抓质量，逐步建立起一套完整严格的质量管理系统。"

2004年，中国正式启动探月工程，已75岁高龄的孙家栋再次披挂上阵，挑起工程总设计师的重任。

探月工程风险很大，很多人不理解，早已功成名就的孙家栋为什么还要接受这项充满风险的工作，万一失败了，他辉煌的航天生涯就可能蒙上阴影。

孙家栋却毫不犹豫："国家需要，我就去做。"

2007年，嫦娥一号卫星顺利完成环绕月球的信号传来，航天飞行指挥控制中心内，大家振臂欢呼。孙家栋却默默转过身，低头掏出手绢，老泪纵横。

"生在中国这片热土上，能有幸从事航天事业，这种成就感确实一生都忘不了。所以有的人问我，你搞了这么多颗卫星，你感觉哪一颗卫星升空最激动。我跟他们说，这很难分，每一次都有它难办的事情。"孙家栋说。

2018年6月5日，风云二号最后一颗卫星——风云二号H星成功发射。作为"两弹一星"功勋奖章获得者、风云二号工程总设计师，89岁高龄的孙家栋再次出现在西昌卫星发射中心指挥发射。他说："搞了一辈子航天，航天已经像我的'爱好'一样，这辈子都不会离开它了。"

用生命保护国家机密

新中国成立后，党中央决定制造原子弹。周总理当即派密使前往美国，说服在美国留学的华人科学家，回国构建尖端国防系统，郭永怀就是其中之一。

1946年秋，郭永怀任教美国康奈尔大学。当时，声障领域的研究几乎是一片空白。郭永怀苦战三年，攻克了这个航空航天领域的难题，成为这一领域的顶尖专家。然而，获得了成就和荣誉的郭永怀，一心想的是报效祖国。

1956年，为避免美国政府的阻挠，素来沉默的郭永怀，在西尔斯院长举行的欢送烧烤晚宴上，把自己数年的研究数据手稿，一页一页地扔进了炭火堆……那些资料都是最核心的研究成果，这令在场的学生惊呆了，他的夫人李佩教授也感到非常心痛。

1956年9月30日，郭永怀一家登上了归国的邮轮。到北京后，毛泽东主席专门接见了他。周恩来总理对他说："有什么要求和想法尽管提。"郭永怀回答："我和学森等同志相比，已经回来晚了，只想尽快投入工作。"

美国人认为钱学森能抵五个师。而郭永怀呢，钱学森认为他至少能抵十个师。钱学森对郭永怀的夸赞绝非溢美之词，他确实发挥了超过十个师的价值。

研制原子弹时，他在海拔3 000米的青海喝碱水、住帐篷、睡铁床，历经艰辛为中国第一颗原子弹的爆炸确定了最佳方案。原子弹爆炸成功后，他只吃了一顿饭庆祝，便投入到地对地导弹的研制中。两年后，中国第一枚地对地导弹成功发射。翌年，我国第一颗氢弹爆炸成功。后来他又参与了"东方红一号"卫星的研制。没有人知道郭永怀在一次次突破中付出了多少艰辛和汗水，只知道在蘑菇云升起的时候，郭永怀却瘫晕在了试验现场。

1968年12月5日，郭永怀在青海基地试验中发现了一个重要线索。他要连夜乘坐飞机，把这个新得到的数据带到北京去。就在飞机即将降落北京机场、离地面400多米的时候，突然失去了平衡，开始极速坠落。坠落的时间不到10秒，完全没给任何让人反应的时间。据唯一的重伤生还者回忆，在飞机开始剧烈晃动的时候，他只听到郭永怀大喊："我的文件！我的文件！"

难以想象在10秒之内，郭永怀做出了一系列令人震惊的动作。搜救人员从飞机的遗骸中找到郭永怀时，吃惊地发现他的遗体同警卫员牟方东紧紧地抱在一起。烧焦的两具遗体被吃力地分开后，中间掉出一个装着绝密文件的公文包，竟完好无损！

噩耗传来，正在中南海怀仁堂会见外宾的周恩来总理当场痛哭失声。这位横跨了核弹、导弹、人造卫星三个领域的科学家，是迄今为止唯一以烈士身份被追授"两弹一星"奖章的科学家。

2018年7月，国际小行星中心正式向国际社会发布公告，编号为212796号的小行星被永久命名为"郭永怀星"。

魂归马兰

中国工程院院士、原中国人民解放军总装备部基地研究员林俊德，入伍52年，参加了我国全部核试验任务，为国防科技和武器装备发展倾尽心血，以超常的意志工作到生命的最后一刻。

林俊德1938年出生于福建，由于家庭贫困，他的中学和大学都是靠政府助学金完成的。大学毕业后，他被分配从事核试验研究。由于核爆炸具有极大的破坏性，测量仪器研制一直存在很大难度。林俊德根据当时的实际情况，独立创新制作了钟表式压力自记仪，为测量核爆炸冲击波参数提供了完整可靠的数据。在之后40多年的科研生涯中，他先后获得30多项科技成果。

2012年5月4日，他被确诊为"胆管癌晚期"。为了不影响工作，他拒绝手术和化疗。5月26日，因病情突然恶化，他被送进重症监护室。醒来后，他强烈要求转回普通病房，他说："我是搞核试验的，一不怕苦，二不怕死，现在最需要的是时间。"

林俊德住院期间，陆续做了几件事：整理移交了一生积累的全部科研试验技术资料；3次打电话到实验室指导科研工作，2次在病房召集课题组成员布置后续实验任务；完成了130多页、8万多字博士论文的修改，在剧痛中写下338字的6条评阅意见；与基地领导几次探讨基地爆炸力学技术的发展路线；向学生交接了两项重大国防科研尖端项目。

5月31日上午，已极度虚弱的林俊德，先后9次向家人和医护人员提出要下床工作。于是，病房中便出现了震撼人心的一幕：病危的林俊德，在众人的搀扶下，向数步之外的办公桌，开始了一生最艰难也是最后的冲锋……

那时林俊德已腹胀如鼓，严重缺氧，呼吸和心跳达到平常的2倍，他微笑着对护士们说："不用担心，我工作起来感觉不到疼。"在场的人无不心痛落泪。两小时后，已近昏迷的林俊德被抬回了病床。5小时后，心电仪上波动的生命曲线，从屏幕上永远地消失了。

林俊德生前专门准备了一个小本子，记录需要处理的事情。去世后，他的其他10件事情都一一安排好了，唯独"家人留言"这项还是空白。

临终前，林俊德嘱咐："我的后事一切从简，不向组织提出任何要求，死后将我埋在马兰。"马兰，一种在"死亡之海"罗布泊大漠中仍能扎根绽放的野花。坐落在那里的中国核试验基地——马兰基地，就是以这种野花来命名的。

2018年，经中央军委批准，"献身国防科技事业杰出科学家"林俊德成为全军挂像英模。

誓言传颂罗布泊

"死就死在阵地上，埋就埋在导弹旁！"这句发自中国酒泉卫星发射中心两弹结合试验阵地"七勇士"（高震亚、王世成、颜振清、佟连捷、徐虹、张其彬、刘启泉）的豪迈誓言，已被航天人传颂了半个多世纪。

两弹结合试验阵地在中国航天人心中有着特殊的位置。当年就是在这个阵地上，装载着核弹头的"东风二号甲"导弹腾空而起，射向新疆罗布泊并在预定高度成功爆炸。从此以后，中国有了可用于实战的核武器。

"两弹结合"试验中，最危险的是"热试验"，一旦发生意外，必将场毁人亡。当时，在离发射台只有100多米远的地方，修建了一个6米深的发射控制地下室。

经过严格筛选，第一试验部政委高震亚、阵地指挥王世成、二中队队长颜振清、控制系统技术助理员张其彬、加注技师刘启泉、控制台操纵员佟连捷和徐虹等7名人员，在发射控制地下室里执行发射任务。出于保密原因，他们用种种婉转的借口，向家人做了最后的交代，毅然奔赴发射阵地。

1966年10月27日上午7时40分，7名控制人员进入了地下控制室。时任基地司令员的李福泽陪同聂荣臻元帅前来接见了他们。"高震亚、王世成、颜振清、佟连捷、徐虹、张其彬、刘启泉……"当聂帅一一叫出他们的名字时，7名同志抑制不住激动的心情，泪水夺眶而出。

直到导弹加注燃料完毕，聂帅才乘车返回指挥部。而李福泽司令员却径直来到地下控制室，执意要和控制人员在一起。党小组长高震亚急得几乎吼了起来："您虽然是司令员，但这里由我负责。我们7个人都是上级特批的，您有批件吗？"李福泽自然拿不出。"既然没有，就请您离开这里。"高震亚态度坚决，李福泽无可奈何，只得听从下属的劝诫，极不情愿地离开了发射阵地。

8时45分，王世成下达了"15分钟准备"的口令。这时，王世成、颜振清又到阵地上仔细检查了一遍，回到发射控制地下室。

高震亚是7人中职务最高、年龄最大的，他沉着地做了临射前再动员："当年孙继先司令员长征时，率领十七勇士冒死强渡大渡河。我们今天也要一不怕苦、二不怕死。死就死在阵地上，埋就埋在导弹旁。就是出了天大的事，也要顶住。团结拼搏，争取最后的胜利！"

9时10秒，随着王世成"点火"口令的下达，佟连捷果断按下了发射按钮。随着一声轰鸣，核导弹喷着浓焰，腾空而起。几分钟后，从弹着区传来激动人心的声音："核弹头在靶心上空预定高度爆炸，试验成功！"

霎时，发射控制地下室里沸腾了。大家热泪盈眶，欢呼雀跃，纵情高呼："成功了！胜利了！"7位勇士刚从地下室走出来，庆祝的人群就潮水般向他们涌来。

　　"我愿以身许国，何妨埋名半生。"两弹结合试验成功之后，所有当时的参试人员依然保守着这个秘密，隐姓埋名40年，直到2006年解密这项任务后，"七勇士"的名字才被世人所知晓。

夫妻树

核武器研制事业辉煌而又神秘。进行原子弹爆炸实验，首先要找一个没有人烟的地方做试验场，还要有一批愿意隐姓埋名的人去从事这项工作。保密，就成了核试验工作的一条铁律。干部调动谈话时，第一句话就是"你愿不愿意隐姓埋名？"后来就形成了"干惊天动地事，做隐姓埋名人"的口号。许多科学家、将军，甚至一个单位、一支部队，突然就神秘消失了。每个人对自己干的事，上不告知父母，下不告知妻儿。

1963年，也就是原子弹爆炸成功的前一年，工程兵科研三所副所长、工程师王茹芝接到秘密调令。她兴奋得一夜未眠，但第二天只是淡淡地对丈夫说："我要去外地出趟差。"随后便神秘地从家庭中消失，来到遥远的罗布泊，承担测试技术研究工作。而王茹芝却没想到，几乎在同时，在同一个科研所工作的丈夫张相麟，也接到了奔赴罗布泊执行核试验任务的通知。两个人就这样平静地告别了。

夫妻俩一进基地就是几个月。离基地不远处，有一条叫"凤凰河"的季节性水沟，长满榆树，一条简易公路从沟里穿过。一天，王茹芝正在一棵老榆树下等车，望见远处有一个军人扛着箱子向树下走来，身型很像自己的丈夫。她瞪大眼睛，等那人走近时，惊喜地发现那果然是张相麟。夫妻俩意外相遇，才知道彼此为同一个任务而来。夫妻俩同在一支特种部队，近在咫尺，说不定传送的样品、文件上都有对方的指纹，却不知心爱的人就与自己并肩战斗。沙漠无垠，比邻若天涯。

前来罗布泊指挥核试验的张爱萍将军深深地被这个故事所打动，称赞王茹芝、张相麟夫妇是一对祖国的好儿女。他说，这棵树就叫"夫妻树"吧，它是一座纪念碑。

44年后的2008年，这棵"夫妻树"被评为马兰原子弹实验基地20个纪念标识物之首。它代表了像王茹芝和张相麟一样的核试验工作者，对党和事业的忠诚与热爱。

神秘"消失"三十载

　　我国第一代攻击型核潜艇和战略导弹核潜艇总设计师黄旭华，被誉为"中国核潜艇"之父。他隐姓埋名30载，默默无闻苦攻坚，让中国人有了一把不再受人威胁的"利剑"。2019年9月17日，国家主席习近平在人民大会堂亲自为他颁授"共和国勋章"。

　　1958年，我国核潜艇工程正式立项，黄旭华秘密赴京，被任命为核潜艇研制总工程师。此后30年，他始终没有告诉家人工作内容，外界亲友更是完全不知道他在哪儿，在做些什么。唯一的联系方法就是一个编号为145的内部信箱。直到2013年，他的事迹逐渐"曝光"，亲友们才得知原委。

　　1988年南海深潜试验，黄旭华曾顺道探视老母，95岁的母亲与儿子执手相看，无语凝噎。此时距离他们母子分别已有30年，62岁的黄旭华也已两鬓斑白。黄旭华的父亲直至去世都不知道自己的儿子在做什么。

　　为了不受外国列强的欺凌，中国人必须研制出自己的核潜艇，但研制难度极大：没有人见过真正的核潜艇，他们仅有的实物材料是两只从国外带回来的儿童核潜艇玩具模型。

即便如此，科研人员也一丝不苟地开始了研究。当时没有电脑，所有数据只能靠算盘和计算尺。常常为了一个数据日夜不停地计算。无数次地计算、对比，他们发现玩具模型与搜集到的媒体资料数据吻合，这让所有人都信心大增。

经过黄旭华和所有工程师的共同努力，我国的第一艘鱼雷攻击型核潜艇终于在1970年下水。1974年8月1日，我国第一艘核潜艇被命名为"长征一号"，正式列入海军战斗序列。至此，中国成为世界上第五个拥有核潜艇的国家。

在科研试验过程中，黄旭华身先士卒。1988年，某新型潜艇在研制最后阶段必须进行极限深度的深潜试验。深潜试验风险很大，任何一条焊缝，一条管道，一个阀门，若承受不起海水压力，都会造成艇废人亡。黄旭华不顾劝阻，执意要一起进艇下潜。

核潜艇开始是以50米、10米的速度下潜，后来陆续以5米、1米的速度慢慢下潜。越潜越深，快到300米时，潜艇多个位置咔咔作响。这样的声音在水下300米深处令人毛骨悚然。黄旭华镇定自若，指挥试验人员记录各项有关数据。试验成功后，黄旭华兴奋地写道："花甲痴翁，志探龙宫；惊涛骇浪，乐在其中！"黄旭华亲自下潜300米，成为世界上核潜艇总设计师亲自下水做深潜试验的第一人。

如今，中国核潜艇正劈波斩浪，遨游在深蓝的汪洋大海，日夜保卫着祖国的万里海疆。

用身躯堵住凶猛火流

1958年12月13日晚，在广州繁华的上下九路，何济公药厂4楼化工车间灯火通明。向秀丽和另外两名年轻女工罗秀明、蔡秋梅正在忙碌地工作着，她们在加班制造化学药剂"甲基硫氧嘧啶"。罗秀明正要把一瓶净重25公斤的无水酒精倒入一个个量杯，向秀丽见她提得吃力就去帮忙。但就在向秀丽开始倒第3杯酒精时，酒精瓶身突然失去平衡，掉在地上摔得粉碎。

20多公斤的无水酒精倾泻出来，流向车间内10个火红的煤炉，酒精瞬间燃烧起来，火苗乱蹿，火势迅速蔓延……车间内顿时变成了一片火海。更可怕的是，在离酒精倾泻处不到4米的地方，还有7桶60公斤重的金属钠。金属钠遇水或高温便会剧烈燃烧，到时，不仅整个工厂将毁于一旦，还会殃及上下九商业区的商铺、居民、学校。

向秀丽来不及为自己考虑什么，她拼命地用帽子、围裙拨酒精，阻止火势蔓延。大火烧毁了她的帽子、围裙，向秀丽想都不想，直接伸出双手阻挡酒精流向金属钠。火流仍在迅速蹿动，金属钠已经冒起了白烟。千钧一发之际，向秀丽猛地扑在地上，用自己的身体挡住了来势凶猛的火流，截住了蔓延的火焰，火苗扑向了她那沾满酒精的身躯……工友们闻声冲上来，想为她扑灭身上的大火。她却高声大叫："不要管我，赶紧救火！"

大火被扑灭了，但她却被烧成了重伤，她的双腿僵直无法弯曲，膝盖几乎可以看见骨头。在医院昏迷了3天3夜的向秀丽醒来后第一句话，便问："金属钠有没有燃烧？工厂安全吗？工友有没有受伤？"

住院治疗期间，向秀丽以超乎想象的意志力忍受着病痛。每次除腐肉、植皮、输血、注射，医护人员都不忍心望向她的脸。每次想呻吟时，向秀丽都会坚强地咬牙忍住。有时实在忍不住，便叫医护人员打开留声机，让歌声淹没自己的呻吟。尽管医院千方百计进行抢救，但终究没能挽回向秀丽的生命。火灾33天后，因伤势过重，向秀丽献出了年仅26岁的生命。

向秀丽牺牲后，《人民日报》《中国青年报》纷纷报道向秀丽的感人事迹，林伯渠、董必武、陈毅、郭沫若等同志为纪念向秀丽题词。向秀丽的英雄事迹通过教科书、诗歌、歌曲、戏剧、话剧、舞蹈等形式传遍大江南北，影响了几代人。

1959年1月中共广州中区委员会追认她为中共正式党员，广州市人民政府同年追认向秀丽为革命烈士。2012年，向秀丽的英雄事迹入选《复兴之路》展览，她被党中央誉为"党的好女儿"。2019年9月，向秀丽获"最美奋斗者"个人称号。

血洒长空壮军威

　　杜凤瑞，河南省方城县杨楼乡人。自幼贫苦，饱受地主恶霸欺凌。新中国成立后，怀着对过去的刻骨仇恨和对新生活的美好向往，杜凤瑞毅然参加了中国人民解放军。

　　1952年3月，杜凤瑞被选调为飞行学员，来到长春航空预备学校，毕业后被分配到福建前线某飞行大队。

　　1958年10月10日，蒋介石为了给退居台湾岛的残兵败将打气，竟然出动了400多架次的飞机，活动于台湾海峡上空，还不断窜入福建沿海地区进行骚扰。

　　这天上午7时，6架敌机向福建龙田方向飞来。我军机场上战斗警报响起，杜凤瑞和他的战友驾驶8架战机腾空而起。

　　为了迷惑敌机，二中队引诱敌机，杜凤瑞所在的一中队隐蔽飞行，伺机截断敌机退路。高空中出现了4条白色诱敌烟带，敌机误认为我军飞机只有4架，便凶猛地向二中队机群扑来。二中队按照预定方案，猛然调转机头，像一把利剑把敌机群劈成两半。敌机顿时乱了队形，急速下滑，仓皇逃命。

　　隐蔽飞行的一中队猛然冲击，截住了敌机。突然，一架敌机从侧后偷袭来，向我长机连开数炮。杜凤瑞见情况危急，赶紧向长机报告，同时不顾一切地加大油门调头向敌机冲去，并果断开炮一举将其击落。具有3 000小时飞行经验、身经数战的国民党王牌飞行员张乃军，怎么也不会想到，击落他的杜凤瑞竟是一位首次参加空战、年仅25岁的飞行员。

敌机见他们的王牌飞行员张乃军被杜凤瑞击落，4架飞机集中火力攻击杜凤瑞所驾战机，对杜凤瑞形成空中包围。杜凤瑞临危不惧，沉着应战。只见高空火光闪闪，炮声隆隆，战斗异常激烈。在3分钟的激战中，杜凤瑞从12 000米的高空紧紧咬住一架敌机，一直追到3 500米低空开炮，敌机凌空爆炸。

杜凤瑞尚未来得及品尝胜利的喜悦，另一架敌机又向他展开了猛烈射击。杜凤瑞所驾战机猛地一震，接着便剧烈地抖动起来，同时，一块弹片迅速切进他的额头，血流不止。驾驶舱内冒出浓烟，战机急速旋转下降。杜凤瑞只好迅速把联络密码销毁，然后忍着剧痛离开了自己心爱的战鹰。他刚跳出了座舱，战机便轰然爆炸。

1 500米、1 000米、800米……眼看就要接近地面，祖国大地已向凯旋的英雄张开了双臂。就在这时，一架敌机悍然违背国际公法，俯冲下来对低空中飘落着的、毫无抵抗能力的杜凤瑞射出了罪恶的炮弹……

战友们目睹了杜凤瑞壮烈牺牲的情景，把仇恨全部压入炮膛，一串串炮弹怒吼着射向敌机，这个残害杜凤瑞的刽子手在掉头逃跑之时，中弹栽进波涛汹涌的大海。

杜凤瑞牺牲时年仅25岁，为了继承发扬他的革命英雄主义精神，1964年国防部将杜凤瑞生前所在飞行中队命名为"杜凤瑞中队"。

"钢铁战士"麦贤得

　　1965年8月5日，汕头水警区响起了紧急集合铃声。正在吃饭的麦贤得，扔下碗筷，火速赶到战艇上。原来，号称"反攻大陆"的台湾舰艇"剑门号"和"章江号"向我东山岛附近袭来，南海舰队命令麦贤得所在部队负责歼灭入侵之敌。

　　8月6日凌晨，随着指挥员下达作战命令，麦贤得拉动操纵杆，炮艇昂首破浪向前冲去，炮艇周围不时落下炮弹。战斗中，敌舰"章江号"燃起了熊熊烈火，麦贤得所在的611艇也不时被炮弹射中，机舱的四部主机都被炸坏。正在这时，敌人的两发炮弹落在了轮机班，瞬间一块弹片打进麦贤得的右前额，插到左侧靠近太阳穴的额叶里。他顿时失去知觉，跌倒在机舱里。

　　正当副指导员包扎好他的伤口时，麦贤得苏醒过来。他嘴里已发不出声音，焦急地用右手推开副指导员，左手指着机器。副指导员刚刚离开机舱去指挥战斗，他就挣扎着站了起来。这时，鲜血粘住了他的眼角和睫毛，阻碍了他的视线。但是，他凭着平时练就的一手"夜老虎"硬功夫，顽强地坚守着战斗岗位。

麦贤得听到主机的轰鸣声减弱，判断出了漏气或漏油故障，在剧烈摇摆的机舱里，他穿来穿去摸索着检查一台台机器、一根根管路、一个个阀门、一颗颗螺丝钉。最终，他在上千颗螺丝里检查出一颗被震松的油阀螺丝，迅速用扳手拧紧。接着，他又用身体顶住移位了的波箱，使损坏了的推进器复原，保证了机器的正常运转。

麦贤得忍受剧痛坚持战斗了3个小时，直至歼灭美制蒋舰"章江号"和"剑门号"。战斗胜利结束后，艇长崔福俊在机舱里看到，麦贤得紧闭着眼睛，包扎头部的绷带已被鲜血染红，而他却用整个身体压着波箱，双手依然握着操纵杆。

麦贤得被送进医院后，毛主席和周总理指示全力抢救。多位全国顶尖脑外科专家一起研究救治方案，经过8个多小时的手术，麦贤得奇迹般的活了过来。

麦贤得头部弹片虽然取了出来，但也留下了后遗症，语言功能和记忆力几乎丧失，右半身完全瘫痪。麦贤得的脑部做的是大手术，脑颅的一部分是用玻璃钢接驳而成。面对伤痛，他始终保持着顽强不屈的意志。为了使右手能摆脱完全麻痹的状态，他艰难地顺着横杆一格一格地往上爬，即使累得汗珠滚滚，仍然咬着牙坚持锻炼。右手不能写字了，他就坚持用左手写。在他刚刚能走动时，就不再让护士为他端屎端尿，宁可扶着墙走，也要自己上厕所。早晨，一听到起床号，就自己穿衣服、叠被子。

1965年8月，麦贤得被国防部授予"战斗英雄"称号，受到毛泽东等党和国家领导人的亲切接见。

2017年7月28日，中央军委主席习近平亲自为他颁授"八一勋章"。2019年9月17日，他荣获"人民英雄"国家荣誉称号。

舍生忘死扑地雷

1965年6月，王杰随部队开赴江苏省邳县进行野营训练。7月初，部队领导交给他一项重要任务，让他帮助张楼公社民兵进行爆破技术训练。他满腔热情，极端负责，不管下多大雨，不管路上多泥泞，每天坚持早上4点左右起床，从连队跑好几里路赶往民兵住地。王杰一有空就给民兵讲雷锋的故事，跟他们一起谈心、拉家常。

7月14日拂晓，王杰和往常一样，站完岗就从井里提回一大桶水，为了不影响战友们休息，他轻手轻脚地进屋，把班里的洗脸盆都拿到院里，为战友们打好洗脸水、漱口水，把牙膏摆好，一直忙到太阳东升，他才与三班长陈学义一起，朝张楼人民公社民兵训练场走去。

王杰和陈学义一到训练场，试爆作业就开始了。张楼公社民兵地雷班的11名民兵和1名人武干部围在四周，王杰一面细心地操作，一面认真地讲解，尤其是在最后穿雷管、带引线的细致作业时，不能分散一点精力。他蹲的很近，时间又长，周围的民兵为了看清就慢慢围得越来越近。他用铁锹把绊线固定起来后对大家说："埋设地雷一定要保证安全，防止绊线被触动。"

试爆设置停当以后，他又仔细地做了最后一次检查。就在这时，简易瞬发引信的拉火管突然颤动了一下，3秒内地雷就会爆炸。对于有经验的爆破手王杰来说，如果他立即向后一仰，便有可能保住自己的生命，但身旁的12个兄弟就会有生命危险。就在这千钧一发之际，只见王杰两臂一张，毅然扑向了地雷……王杰壮烈牺牲，献出了年仅23岁的生命。但是，他却以自己的身躯保护了11名民兵和1名人武干部的生命安全。

人们在整理王杰的遗物时，发现了十多万字的日记，而日记中的每一句话，似乎都印证着这位年轻士兵不同寻常的思想境界："我要一不怕苦，二不怕死，做一个大无畏的人！""什么是理想，革命到底就是理想；什么是幸福，为人民服务就是幸福。"

1965年夏，王杰烈士的事迹在全国传开。毛主席为王杰题词："我赞成这样的口号，叫作'一不怕苦，二不怕死'。"

2019年9月，王杰被中共中央宣传部等9部委授予新中国成立70周年"最美奋斗者"荣誉称号。

焦家人不能搞特殊

　　焦守云是焦裕禄的次女，1953年出生，父亲去世那年，她11岁。"我们站在父亲的'光环'下，就更要守得住寂寞、耐得住清贫。'焦裕禄的孩子'这个身份在生活中就像一把尺子，度量着我们的日常行为。"焦守云说道。

　　焦裕禄教育孩子们从小就要热爱劳动、艰苦朴素。在子女心里，记得最牢的一句话是——"千万不能搞特殊！"

　　这条家训，焦家上上下下20多口人都记得清清楚楚。

　　焦裕禄的大女儿焦守凤初中毕业没考上高中，在家闲着没事干，有人介绍她去当小学教员，有人介绍她去邮政局当话务员，也有人介绍她去当营业员。但是焦裕禄都没有同意。他说："年轻人应干点脏活、累活，要找一个体力劳动比较重的职业去锻炼锻炼。"最后，焦守凤到县食品加工厂当了临时工。上班那天，焦裕禄带着女儿对加工厂厂长张树森交代："我的女儿在这里做临时工，你们不要以为我是县委书记就另眼相待。请把她安排在酱菜组，这对改造她的思想有好处。"

　　11岁的儿子焦国庆想看戏，把门的老肖知道国庆是焦书记的儿子，没要票就让他进去了。国庆看完戏回到家，焦裕禄知道他看了"白戏"，十分生气地说："你小小年纪可不能养成占便宜的习惯。"说着从兜里掏出两角钱，让国庆第二天一早把戏票钱送去了。

一天早晨，焦裕禄带着二儿子跃进到中山南街路西理发店理发。一会儿，6岁的焦跃进着急了，哭闹着要走。理发师张国贞说："先给焦书记理吧，他的工作忙。"焦裕禄看看旁边几个比他来得早的顾客说："我还是等一会儿，让来得早的同志先理吧。"

焦裕禄理完发，又带着跃进到城关粮管所买面。一位负责人热情地迎上去说："焦书记，买粮的人很多，排队得等一会儿，我给你代买吧。"焦裕禄回答道："你们不要光照顾我，要想办法让来买粮的群众都不排队。还有，你们在这个地方搭个棚子，下雨淋不着群众，天热晒不着群众，那不是更好吗？"排队买粮的群众都说焦书记工作忙，几次让出位置让他先买，他还是坚持排了半个多小时的队，才买了面。几天后，粮管所在开票窗口前搭起了棚子。

出差一千里，好事一火车

雷锋出差去安东，参加沈阳部队工程兵军事体育训练队。

从抚顺一上火车，他看到列车员很忙，就帮忙动手干了起来。擦地板、抹玻璃、收拾小桌子、给旅客倒水、帮助妇女抱孩子、给老年人找座位、接送背大行李包的旅客。这些事情做完了，他又拿出随身带的报纸，给不认识字的旅客念报，宣传党的政策，一直忙到沈阳。

到沈阳车站换车的时候，他发现检票口吵吵嚷嚷围了一群人，近前一看，原来是一个中年妇女没有车票，硬要上车。

人越围越多，把路都堵住了。雷锋上前拉过那位大嫂说：

"你没有票，怎么硬要上车呢？"

那大嫂急得满头大汗地解释说："同志，我不是没车票，我是从山东老家到吉林看我丈夫的，不知啥时候，把车票和钱都丢了。"

雷锋听她说的是真实情况，就说："别着急，跟我来。"

他领着大嫂到售票处，用自己的津贴费补了一张车票，塞到她手里说："快上车吧，车快开了。"那大嫂说："同志，你叫什么名字，哪个单位的，我好给你把钱寄去。"雷锋笑道："我叫解放军，就住在中国。"说完转身走了。那位大嫂走上车厢，感动得眼泪汪汪地向他招手。

雷锋从安东回来，又在沈阳转车。他背起背包，过地下道时，看见一位白发苍苍的老大娘，很吃力地一步步向前挪动。雷锋走上前去问道："大娘，你到哪去？"

老人上气不接下气地说："俺从关内来，到抚顺去看儿子！"

雷锋一听跟自己同路，立刻把大包袱接过来，扶着老人说："大娘，我送你到抚顺。"

老人高兴地一口一个好孩子地夸他。

进了车厢，他给大娘找了座位，自己就站在旁边，掏出刚买来的面包，塞到大娘手里，大娘往外推着说：

"孩子，俺不饿，你吃吧！"

"别客气，大娘，吃吧，先垫垫饥。"

"孩子，孩子"，这亲热的称呼，给了雷锋很大的感触，他觉得就像母亲叫着自己小名那样亲切。他在老人身边，和老人唠开了家常。老人说，他儿子是工人，出来好几年了。她是第一次来，还不知道住在什么地方哩。说着，掏出一封信，雷锋接过一看，上面的地址他也不知道，但他知道老人找儿子的急切心情，就说："大娘，你放心，我一定帮你找到他。"

雷锋说到做到，到了抚顺，背起老人的包袱，搀扶着

221

老人，东打听，西打听，找了两个多小时，才找到老人的儿子。

这些事后来被战友们知道了，有人评论说："嘿，雷锋出差一千里，好事做了一火车！"

可敬的"傻子"

天快暖了，连队里发放夏衣，每人两套单军装、两套衬衣、两双胶鞋。大家喜滋滋地向司务长领来了衣服。发到雷锋的时候，他却说："我只要一套军装、一件衬衣和一双胶鞋就够了！"

司务长奇怪地问道"为什么只要一套？"

他说："我身上穿的军装，缝缝补补还可以穿，我觉得现在穿一套打补丁的衣服，比我小时穿的要好上千万倍呢！剩下的两套衣服交给国家吧！"

雷锋生活十分勤俭，即使浪费一丁点儿都觉得心疼。他钉了一个木箱子，里面螺丝帽、铁丝条、牙膏皮、破手套，应有尽有，他把这叫作"聚宝箱"。

要是车上缺了个螺丝、坏了个零件，他都先到"聚宝箱"里找，能代用的就代用。要是擦车布实在烂得不能用了，他就从"聚宝箱"里找出破手套，洗干净了做擦车布。至于牙膏皮、铁丝条什么的，他攒到一定数量就卖给收破烂的，得了钱全部交给公家。

雷锋的生活很简朴，从来不随便花一分钱。组织上每月发给他的津贴，他留下一角钱交团费，两角买肥皂，再用些钱买书，好扩充他的"小图书馆"，其余的钱全部存入银行。他穿的袜子，补了一层又一层，最后完全改了样，还舍不得丢。他用的搪瓷脸盆、漱口杯，上面的搪瓷几乎掉光了，也舍不得换新的。

有的同志实在不明白，就问他："雷锋呀，你就一个人，没家没业的，干吗这样苦着自己？"

雷锋说："谁说我苦着自己？现在的生活比起我过去受的苦，真是好上天了。"

又说："谁说我就一个人，没家没业？我们祖国大家庭有六亿多人口呢。为了改变祖国一穷二白的面貌，党中央号召咱们艰苦奋斗，这样做不对吗？"

有的同志就说："国家那么大，也不缺你那几块钱哪！"

雷锋说："积少成多啊！每人一天节约一角钱，你算算，全国一天节约多少钱？当了国家的主人，不算这毛账还行？"

有人说雷锋是"傻子"。雷锋却说："我要做一个有利于人民、有利于国家的人。如果说这就是'傻子'，那我是心甘情愿做这样的'傻子'的。革命需要这样的'傻子'，建设也需要这样的'傻子'。"

勇推惊马救列车

1963年11月18日清晨，天空中下着蒙蒙细雨。欧阳海所在部队野营训练沿铁路行军，当行进到京广铁路湖南省衡山一峡谷间，远方传来了火车"呜呜"的汽笛声。满载旅客北上的282次列车由衡阳北上，风驰电掣地迎面急驶而来。前面部队按照行军纪律，都闪到离铁轨4米远的地方，鱼贯前进。

欧阳海也连忙关照全班："注意安全，火车来了！"他看了看前边炮兵连的马匹，也正靠到山边前进。急驶的火车沿着弯弓形的铁道突然出现，仿佛是正冲着战马奔来。刹那间，山摇地动，空气激荡，排在炮兵连队伍中的最后一匹战马突然受惊了！驭手勒不住受惊的战马，被它扯着直往轨道上奔去。战马驮着隆起的炮架，惊惶地横立双轨之间，无论驭手怎么用力拉，战马就是一动不动。

飞驰而来的列车距离驮着炮架的战马越来越近，停车已经来不及了。火车司机王治卫只觉得头脑"嗡"地一下，全身的血液涌上头顶，一旦火车撞上炮架，极有可能炮毁车翻。王治卫拉开紧急制动的"死闸"，但强大的惯性仍然把列车推向前去，车厢猛烈地晃动，车轮碾轧得铁轨吱吱尖叫，眼看就要酿成大祸！

就在火车与惊马将要相撞的千钧一发之际，欧阳海以异乎寻常的速度，毫不犹豫地冲上了铁轨，使尽全力把受惊的战马猛地往轨道外面推了出去。列车脱离了险境，在冲滑了300多米后停了下来。欧阳海奋不顾身的英勇行为保住了旅客的生命和人民财产的安全，而他自己却被卷入列车下壮烈牺牲，年仅23岁。

1964年，原广州军区追授欧阳海"爱民模范"荣誉称号。同年1月22日，国防部命名他生前所在班为"欧阳海班"，并号召全军指战员学习他的崇高品质。朱德、董必武、贺龙、徐向前、聂荣臻、叶剑英等党和国家领导人分别题词，高度赞扬他的英雄行为。1988年，欧阳海生前所在部队修建了欧阳海纪念馆。

草原英雄小姐妹

1964年2月9日，农历腊月二十六，春节将至，喜庆的气氛笼罩着位于内蒙古包头市的达茂草原。这天，阿爸要帮一家牧民粉刷房子，于是，11岁的龙梅和9岁的玉荣姐妹自告奋勇，为生产队放那384只羊。

这天上午，天气晴朗，蔚蓝的天空中飘浮着朵朵白云。10点多，姐妹俩赶着羊群离开了家。草原的天像孩子的脸，说变就变。中午时分，一场罕见的特大暴风雪突然逼近了。刹那间，狂风夹杂着鹅毛大雪呼啸而来，气温骤然降至零下37℃。西北风越刮越猛，温顺的羊群突然骚动起来，开始顺着狂风奔跑。

姐妹俩急忙拦住羊群往回赶，但是暴风弥漫，辨不清回家的方向。姐妹俩艰难地左拉右挡，一起踩着厚厚的积雪吃力地追赶着羊群，离家越来越远。饥饿、寒冷、疲劳折磨着两个小姑娘。姐妹俩就这样冒着刺骨的风雪看护着羊群，心里只有一个念头："羊是集体的财产，一只也不能少！"

突然，一只受惊的羊羔离开羊群，窜进了大雪，眼看就被大雪掩埋。于是，龙梅让妹妹先赶着羊群走，自己冲进茫茫雪海去救羊羔。当她追上羊羔，抱在怀里时，却和妹妹失散了。

玉荣撵着羊群在前面走，龙梅抱着羊羔在后面追。暴风雪中，姐妹俩也不知走了多久。风停了，雪住了，天渐渐亮了，此时姐妹俩已经徒步跋涉了30多公里，在白云鄂博车站附近，龙梅终于追上了玉荣。

妹妹玉荣的毡靴跑丢了，两只脚成了两个大冰坨子，龙梅想把自己的毡靴脱给妹妹，但是她的手指不听使唤，毡靴和脚也结结实实地冻在了一起，根本脱不下来。龙梅只好把袍子的一角撕下来，包好妹妹冻僵的脚。从中午开始一直到第二天天亮，姐妹俩整整奋斗了20多个小时。寒冷，恐惧，饥饿，疲劳，责任感全部集中在了两个小姑娘身上。玉荣晕倒在雪地上奄奄一息，龙梅撑着最后一点体力跟在羊群后面。

这时，来白云鄂博车站送朋友的牧民哈斯朝鲁和儿子那仁满都拉发现了龙梅，又和随后赶来的几名铁路工人在山沟里找到了奄奄一息的玉荣。

经过白云鄂博铁矿医院的精心抢救，龙梅、玉荣姐妹最终挣脱了死神的怀抱。不久，这对小姐妹被转送到内蒙古医院、北京积水潭医院治疗。由于冻伤严重，龙梅失去了左脚拇指，玉荣右腿膝关节以下和左腿踝关节以下做了截肢手术。

经过半年多的治疗，姐妹俩回到家乡达茂草原。而此时，她们的英雄事迹早已传遍祖国的大江南北。1969年，新中国成立20周年时，周恩来总理亲自安排龙梅、玉荣在中南海住了15天。姐妹俩还一同登上天安门城楼参加国庆大典，受到毛主席的亲切接见。

龙梅、玉荣的英雄事迹和爱国主义、集体主义精神，鼓舞、激励了一代代青年人爱国家、爱集体、奋发向上，已成为中国人心中难以磨灭的红色经典。

宁肯一人脏，换来万家净

时传祥虽然是一位普普通通的淘粪工人，但他的事迹却十分感人，成为享誉全国的知名人物。

1966年国庆节前，毛泽东特意把他接进中南海小住。国庆节当天，他被当作贵宾请上了天安门，参加国庆观礼活动。这是时传祥有生以来第一次登上天安门。

在此之前的1959年全国"群英会"上，时传祥作为全国劳动模范，受到国家主席刘少奇和国务院总理周恩来的亲切接见。刘少奇热情地握住他粗糙的手，询问他的工作情况，对他说："我们都要好好地为人民服务。你当清洁工是人民的勤务员，我当主席也是人民的勤务员。这只是革命的分工不同，都是革命事业中不可缺少的一部分。"刘少奇得知他没有文化时，还特意送给他一支钢笔，鼓励他好好学文化。

1959年10月29日，《人民日报》刊登了刘少奇与时传祥的合影，给全国从事清洁工作的劳动者以巨大的鼓舞。时传祥说："我已经干了30年的淘粪工，只要党需要，我还要再干它30年、60年！党需要我干到什么时候，我就干到什么时候。"

时传祥出生于山东省齐河县一个贫苦农民家庭。因家乡遭遇灾荒，他14岁时逃荒流落到北京城郊，受生活所迫当了淘粪工。老北京城的路非常难走，时传祥每天推着送粪的破轱辘车，由六部口到广安门，再到姚各庄、小井一带。无论刮风下雨，严寒酷暑，他都要每天往返4趟。工钱则少得可怜，一个月挣不到3块银圆。他们住的地方更是简陋，13个伙伴跟一头驴睡在一起。有时还吃在马路上，睡在马路上，头枕半块砖头，一条破棉裤补了又补，穿了整整8年。

新中国成立之前，城里人的居家生活虽然很需要淘粪工，却又非常瞧不起这一职业。尤其是有钱人，常常把这些淘粪工蔑称为"屎壳郎"。淘粪工不仅受到社会的白眼，还要受行业内部一些恶势力的压榨和盘剥。时传祥在这些"粪霸"手下一干就是20年，受尽了压迫与欺凌。

新中国成立之后，共产党和人民政府清除了"粪霸"等恶势力，时传祥真正感到翻身得了解放。1952年，他加入了北京市崇文区清洁队，继续从事城市清洁工作。此时，北京市人民政府为了体现对清洁工人劳动的尊重，不仅为他们提高了工资待遇，而且想办法减轻淘粪工人的劳动强度，把过去送粪的轱辘车全部换成汽车。

运输工具改善之后，时传祥合理计算工时，挖掘潜力，把过去7个人一班的大班，改为5个人一班的小班。他带领全班由过去每人每班背50桶增加到80桶，他自己则每班背90桶，最多每班淘粪背粪达5吨。管区内居民享受了清洁优美的环境，而他背粪的右肩却被磨出了一层厚厚的老茧。

时任北京市副市长的万里也曾背起粪桶，跟着时传祥学习背粪，给环卫工人鼓气，一时间在北京城内传为佳话。清华大学的一些学生也曾拜时传祥为师，学习他吃苦耐劳的精神和"宁肯一人脏，换来万家净"的崇高思想境界。

一位地委书记的遗产

　　1979年初，国家决定从内地省市抽调一批干部去支援西藏建设。刚刚35岁的山东省聊城地委宣传部副部长孔繁森知道后，没等组织动员，没与家人商量，便主动报名要求进藏。当时，孔繁森的母亲还住在农村，年近80岁，妻子体弱多病，3个孩子大的不到6岁，小的才两岁。但他心里清楚，支援西藏建设是党中央的重大决策，是祖国建设的需要。于是，孔繁森毫不犹豫地告别家人，奔赴天高地远、生活艰苦的雪域高原。

　　孔繁森进藏，是作为日喀则地委宣传部副部长选调的。报到后，西藏自治区党委见他年富力强，临时决定改派他到海拔4750米、条件艰苦的岗巴县担任县委副书记。领导征求他的意见时，他爽快地回答："我年纪轻，没问题。"

　　到岗巴县后，强烈的高原反应和零下几十度的严寒并没有吓倒孔繁森。仅一个半月的时间，他就骑着马跑遍了全县，掌握了大量的第一手资料。在岗巴3年，他几乎跑遍了全县的乡村牧区，与当地群众结下了深厚的友谊。有一次，他骑马下乡，不慎从马背上摔下来，昏迷不醒。当地藏族群众抬着他走了30多里山路，把他送进医院。当

233

他从昏迷中醒来时，看到很多藏族群众守护在他的身边。1981年，孔繁森离开岗巴县调回山东时，藏族同胞依依不舍地含泪为他送行。

1988年，已担任聊城地区行署副专员的孔繁森，又要面临一次严峻的考验。这一年，山东省委在选派进藏干部时，认为孔繁森政治上成熟，又有西藏工作经验，便准备让他带队。组织部门找他谈话、征求他的意见时，他的回答很干脆："我是党的干部，坚决服从组织安排。"

第二次进藏后，孔繁森任拉萨市副市长分管文教、卫生和民政工作。任职期间，他跑遍了拉萨8个县区的所有公办学校和一半以上乡办、村办小学，为发展少数民族教育事业殚精竭虑。

拉萨市墨竹、工卡等县发生地震时，孔繁森在羊日岗乡的地震废墟上，发现了3个失去父母、无家可归的藏族孤儿，12岁的曲尼、7岁的曲印和5岁的贡桑。他抚慰着3个孩子说："有党在，你们就有家，党就是你们的亲人。"不久，他决定自己承担起抚养3个孩子的责任。

一个人孤身在外，既有工作，又要照顾孩子，辛苦和劳累可想而知。晚上，工作了一天的孔繁森回到家，先要给孩子做饭，然后辅导他们读书识字。节假日，只要有时间，他都要带着孩子们去商店、逛公园，就像对待自己的亲生儿女。

尽管孔繁森的经济负担很重，但每次下乡，只要看到生活贫困的藏族群众，他都掏出一些钱接济他们。往往刚过半个月，他的工资就花得所剩无几。收养3个藏族孤儿后，他的经济更是捉襟见肘，有时连自己的伙食费都不够。

为了不让孩子们跟着他受苦，他前后3次化名为"洛珠"到医院献血900毫升，以此换取900元营养费，用来支付孩子们的生活费用及转学费用。

1993年4月，就在孔繁森第二次援藏即将期满时，他又一次服从组织决定，踏上了地广人稀、环境恶劣、号称"世界屋脊之屋脊"的阿里，担任阿里地委书记。

为了实现阿里的快速发展，孔繁森跑遍了西藏自治区的所有部门和国家的十多个部委，汇报情况和设想，争取项目和资金。在面积相当于两个山东省面积的阿里，他行程8万公里，全区106个乡跑了98个，与5 000多个干部群众谈过心、聊过天。一幅全面振兴阿里经济的宏伟蓝图，正逐步在雪域高原变为现实。

1994年11月29日，孔繁森在外出考察返回途中，不幸遭遇车祸，以身殉职，年仅50岁。人们在料理他的后事时，看到两件令人心碎的遗物：一是他仅有的8元6角钱款，一是他4天前写下的关于发展阿里经济的12条建议。

这就是一位地委书记留下的遗产，这就是一个共产党员的高尚情怀！他笃信着心中的信仰，执着地坚持着共产主义信念。在人民需要的时候，他都挺身而出，将一腔热血献给人民。他的精神已内化为共和国的集体记忆，成为一个民族的骄傲。

三巡苍穹

　　进入航天城时，景海鹏已经31岁了。为在5年内学完物理学、天文学、载人航天技术等30多门课程，完成8大类上百个课目的专业技能训练，他晚上12点前几乎没有休息过，不仅舍弃了许多爱好，而且几乎没有参加过任何聚会，没有陪父母过过一个春节。正是这艰辛的磨砺和锤炼，让他一步步完成了从飞行员向航天员的蜕变。

　　在激烈的竞争中，他先后与神舟五号、六号任务失之交臂，经过10年等待，2008年9月25日，入选神舟七号飞行乘组。

　　神舟七号乘组肩负着实施我国首次出舱作业，突破和掌握出舱活动相关技术的重任。在执行任务时，神舟七号乘组遇到了意外。他们刚打开连接浩瀚太空的舱门，飞船里突然响起急促的警报："轨道舱火灾！"声音虽然被设置为女中音，但在天地两端听起来却惊心动魄，发生火灾，乘组就回不去了！值守在返回舱的景海鹏一面沉着检查系统，一面与队友判断排障，同时向地面报告。

　　按计划，航天员出舱后应先取回固定在舱外的一件空间科学实验样品。为此，乘组果断调整步骤，冒着风险完成了太空行走，让全世界观众看到了飘扬在太空的五星红旗。

经确认，这是一次有惊无险的误报。9月28日傍晚，神舟七号飞船圆满完成所有任务，返回舱安全着陆。在当年"感动中国"颁奖晚会上，景海鹏代表乘组道出了当时的想法："即使我们回不来，也一定要让五星红旗在太空飘扬！"

完成了惊心动魄的首飞，景海鹏没有被鲜花和掌声冲昏头脑，而是全力投入到神舟九号任务中。神舟九号任务的关键是实现我国首次手控交会对接，每名航天员都要做好当对接操作手的准备。到任务考核前，他的训练次数达到了规定的两倍，在笔记本上记下了10多万字的旁注和总结，提出了200多个问题。

2012年6月12日，景海鹏当选神舟九号飞船载人航天飞行乘组指令长。这次飞行的时间更长，在轨操作更多，对乘组的身心素质、工作能力、任务规划等要求也更高。6月16日，神舟九号载人飞船成功进入太空，圆满完成我国首次载人空间交会对接。

此次任务结束，景海鹏已年近50岁了，已成为"二度飞天"的航天英雄，本可以安心享受家庭温暖人民赞誉，而景海鹏却说："航天员是我的职业，太空飞行是我的事业，也是我的本职工作，更是我崇高的追求和使命。"

景海鹏从未停止高标准学习训练的步伐，当神舟十一号任务进入人们的视野时，景海鹏的名字赫然在列。

2016年10月17日，长征二号火箭在炽热的火焰和磅礴的气体中腾空而起，发出响彻寰宇的烈响。在执行此次任务中，景海鹏作为指令长，带领乘组每天的计划都是满满当当的。太空养蚕、跑台试验、种植蔬菜……乘组几乎每天都要工作到晚上11点，有时甚至要到凌晨一两点。地面上的领导和专家看到后，提议压缩工作量以保证航天员的营养和休息，但景海鹏却说："上一次太空不容易，试验任务再多我们也要把它完成好。我们不是上来睡觉的！"

就这样，他们圆满完成神舟十一号与天宫二号空间实验室交会对接，开展了一批体现国际科学前沿和高新技术发展方向的空间科学与应用任务，首次实现我国航天员中期在轨驻留，也成就了景海鹏"三巡苍穹"的中国奇迹。

惊心动魄的 4.4 秒

2016年4月27日中午，海军某舰载机训练基地，舰载机飞行员张超驾驶歼-15战斗机正在执行陆基模拟着舰训练。

12时59分12秒，无线电里突然传来故障报警，飞机瞬间出现了电传故障。接下来发生的一幕，让所有人猝不及防：机头急速上仰，飞机瞬间离开地面，冲了出去。

"跳伞！跳伞！跳伞！"12时59分17秒，也就是发出故障报警信号4秒多后，塔台指挥员连发三声命令。几乎在指挥员下达命令的同时，张超从座舱弹射出来。由于弹射高度太低，角度不好，主伞无法打开，座椅也没有分离，张超从空中重重落下，摔在跑道边的草地上。

飞行记录表明，从战机报警到跳伞离机的4.4秒里，张超的动作只是一个，那就是全力推杆到底，制止机头上扬。歼-15战机系统高度集成发生电传故障，第一时间跳伞才是最佳选择。但在生死关头，张超却为避免战机损毁做出了最后的努力。

短短4.4秒，生死一瞬，张超首先选择了"推杆"，拼尽全力挽救飞机。正是这个选择，让他错过了跳伞自救的最佳时机。

出事时，张超29岁，是我国海军超常规培养的舰载机飞行员之一，也是我国舰载机飞行员中最年轻的一位。截至2016年4月27日，张超一共飞过8种机型，这种经历在年轻的三代机飞行员中非常少。当时，他已经完成了舰载战斗机陆基模拟训练的绝大多数训练课目，再过不久，就将在我国首艘航空母舰辽宁舰上进行起降飞行。

2016年4月27日15时08分，也就是事发两个小时之后，张超的心脏停止了跳动。

2016年11月，中央军委主席习近平签署命令，追授张超为"逐梦海天的强军先锋"；2018年6月，张超被追授"全国优秀共产党员"称号；2018年9月，中央军委政治工作部统一印制张超等10位挂像英模的画像，并下发至全军连以上单位。

除了胜利，别无选择

　　陈薇是中国工程院院士、军事科学院军事医学研究院研究员、中国首席生化武器防御专家。1991年4月，获得清华大学硕士学位的陈薇毅然做出抉择：投身军营，献身国防！

　　2003年，非典型性肺炎爆发，数万人确诊，无数医务人员被感染。

　　危急关头，陈薇接到命令：对"非典"致病原因及相关疫苗进行研发。那些日子里，陈薇每天冒着生命危险，与"非典"病毒零距离接触，带领团队在国内率先分离出病毒，一举确定了"非典"元凶。

　　在研究过程中，陈薇发现了一种干扰素可能可以预防"非典"。

　　当时，全国已经有很多医务人员被感染。为了和疫情抢时间，陈薇和同事们忍受着缺氧导致的剧烈头痛，钻进负压实验室，一待就是八九个小时。经过没日没夜的攻关，陈薇证实了"重组人干扰素 ω 喷雾剂"对"非典"有抑制作用。2003年4月28日，重组人干扰素 ω 通过国家食品药品监督管理局批准，进入临床。

为了满足医务人员的需要，陈薇组织全室人员加班加点，连续奋战20多个昼夜，亲自将2000多支重组人干扰素ω送到当时的小汤山医院。

那年陈薇37岁，一战成名，成功阻挡了"非典"病毒！

作为生化武器防御专家，陈薇心里明白：炭疽、鼠疫、SARS等各种致病的微生物，在战争时可能成为生化武器，而在和平时期则是导致人类大规模死亡的罪魁祸首！

2014年，埃博拉突然在西非大规模爆发，病死率高达90%,且已经传播到欧洲和美洲。更可怕的是，此次的埃博拉病毒已经发生变异，而美国和加拿大研发的疫苗都只针对1976年的埃博拉病毒。

2014年9月，当全世界谈"埃"色变时，陈薇带领团队成功研制出世界上第一支抗击埃博拉病毒的新基因型疫苗。12月，在全球死亡人数直线上升的严峻时刻，埃博拉疫苗获临床许可，成为全球首个进入临床的新基因型疫苗。

电影《战狼Ⅱ》上映时，很多人都被这一幕感动：陈博士为保住拉曼拉病毒的"活体疫苗"，临危将女儿托付给冷锋……很少有人知道，电影中那个援助非洲、从事病毒研究的陈博士，其人物原型就是陈薇。

当时，她被誉为"埃博拉终结者"。

2020年，新型冠状病毒肺炎肆虐武汉。大年初二，54岁的陈薇再次出征，带领军队专家组进驻"抗疫一线"。

到达武汉后，他们开始紧急搭建帐篷式移动检测实验室。

1月30日，帐篷检测实验室应用自主研发的检测试剂盒，配合核酸全自动提取技术，大大缩短了核酸检测时间，加快了确诊速度。这是陈薇深入疫区进行科研攻关以来取得的一个重大成果。

面对汹涌而来的疫情，全世界的科学家都在努力研发新冠疫苗。下先手棋，打主动仗。在陈薇看来，这是科研工作者应有的态度，更是军人应有的担当。陈薇说："没有看过武汉最急迫的样子，就无法体会武汉人民对疫苗的渴望。"就这样，陈薇带着祖国与人民的期望，顶着巨大压力迅速推进新冠病毒疫苗的研制。

不到8个月的时间，第一批新冠病毒疫苗就从生产线上下线了。疫苗下线的那天正好是陈薇的生日，军事医学研究院领导给身在武汉的她发去了生日祝福，她回复："除了胜利，别无选择！"

2020年9月8日上午10时，全国抗击新冠肺炎疫情表彰大会在北京人民大会堂隆重举行。中共中央总书记、国家主席、中央军委主席习近平向"人民英雄"国家荣誉称号获得者陈薇颁授奖章时，全场掌声雷动。这掌声代表着人民的心声："人民英雄"，陈薇当之无愧！

永远不会退缩的逆行者

逢危有我，八轶不辞。

逆行者是一种心态，意味着责任与担当，意味着坚守与奋斗，意味着不屈与希望。

2003年，非典肆虐，67岁的他说："把最重的病人送到我这里来。"2020年，武汉告急，84岁的他一边告诉大家"尽量不要去武汉"，一边登上开往武汉的高铁，挂帅出征，一骑当先。

他是永远不会退缩的逆行者，他以84岁的高龄为国战斗，谱写着妙手仁心的医者传奇。他说："医院就是战场，作为战士，我不冲上去谁冲上去。"

他就是钟南山，中国工程院院士，广州医科大学附属第一医院国家呼吸系统疾病临床医学研究中心主任，中国抗击非典型肺炎、新型冠状病毒肺炎的领军人物。2020年8月11日，习近平签署主席令，授予他"共和国勋章"。

非典、新冠肺炎疫情，钟南山誉满华夏。但如果认为他此时才"功成名就"，就大错特错了。早在20世纪90年代，身为著名呼吸病专家、中国工程院院士的他，就以"奉献、开拓、钻研、合群"的"南山风格"名扬南粤大地。

很少人知道，钟南山是侨眷。他1936年10月出生于江苏南京，他的父母早年留学美国，他和妻子的大部分亲属都在国外。父亲钟世藩是中山医科大学的儿科一级教授，当年从美国学成归国，在当时广州最大的中央医院任院长，掌管着医院一笔13万美元的巨款。新中国成立前夕，国民党中央卫生署的一名官员到他家里来了四五次，动员他父亲将这笔款子带往台湾。他的父亲虽然不问政治，但还是觉得应该留在祖国大陆。当时的情景，给年仅13岁的钟南山留下了深刻的印象。

"我当过农民，干过宣传队，当过锅炉工人，当过北京医科大学校报的编辑，什么都干过。我并不觉得后悔，因为这些经历让我懂得了社会的酸甜苦辣，知道珍惜自己的时间，知道珍惜得到的学习机会。"

1971年，他调回阔别多年的广州。几经转岗，最后落脚在"慢支防治小组"，一干就是30多年，最终成为呼吸疾病的权威。

"穿了白大褂，当医生却不太合格。"钟南山常常提起早年把胃部出血病人当成结核病咳血的"误诊"事件，"就是这件事使我明白，做医生光有心是不够的，还要有一身好本事，才可以真正帮助到人。"

1979年至1981年，钟南山到英国爱丁堡大学和伦敦大学研修。面对导师先入为主的轻视，为了给中国人争口气，长期学俄语的他仅用了半年时间就攻克了语言关，全身心地投入到学习和科研中。

在英国进行关于吸烟与健康研究时，为了取得可靠的资料，他让皇家医院的同事向他体内输入一氧化碳，同时不断抽血检验，一直坚持到血红蛋白中的一氧化碳浓度达到22%才停止。实验取得了满意效果，钟南山却几乎晕倒。要知道，这相当于正常人连续吸60多支香烟，同时抽800cc的鲜血。

回国之前，导师丹尼主动致信中国驻英大使馆，信中说："我跟国外很多学者共事了这么多年，从来没有遇到一个学者像钟医生那么勤奋，跟我们协作得那么好，出那么多成果，我衷心地表示祝贺。"

从当年谢绝盛情挽留回国，到与非典、新冠肺炎疫情殊死搏斗。回首往事，钟南山说："在国内做研究，困难要多一些，但这是为自己的国家干，心里踏实，有成就感。"